CANGQIONG LEITING

苍穹雷霆

——对地攻击型无人机作战效费全解析

——DUIDI GONGJIXING WURENJI ZUOZHAN XIAOFEI QUANJIEXI

李继广　董彦非　陈　欣　岳　源　屈高敏　著

東北林業大學出版社
Northeast Forestry University Press
·哈尔滨·

图书在版编目（CIP）数据

苍穹雷霆：对地攻击型无人机作战效费全解析／李继广，董彦非，陈欣等著．—哈尔滨：东北林业大学出版社，2017.1（2024.8重印）

ISBN 978－7－5674－1024－4

Ⅰ．①苍…　Ⅱ．①李…　②董…　③陈…　Ⅲ．①无人驾驶飞机—作战—研究　Ⅳ．①E844

中国版本图书馆 CIP 数据核字（2017）第 023061 号

责任编辑：赵　侠　刘天杰
封面设计：宗彦辉
出版发行：东北林业大学出版社
（哈尔滨市香坊区哈平六道街 6 号　邮编：150040）
印　　装：三河市天润建兴印务有限公司
开　　本：710 mm×1 000 mm　1/16
印　　张：14.25
字　　数：192 千字
版　　次：2017 年 9 月第 1 版
印　　次：2024 年 8 月第 3 次印刷
定　　价：55.00 元

前　言

无人机是当今各主要军事大国航空器发展的重要方向之一，在当前发生的局部战争中都有无人机的身影，并发挥着重要作用。近年来，对地攻击型无人机技术已经日趋成熟，并相继被各航空强国所掌握。多种“察打一体”无人机系统相继定型并装备部队，在局部战争、反恐战争和缉毒行动中取得了不俗的战绩。以美国的“X-47B”舰载无人机为代表的新一代攻击型无人机的设计与研制已取得了突破性进展，成功完成了多种武器对地攻击和航母上的起降试验。中国、法国等国的同类型攻击型无人机系统相继首飞成功，并完成了一系列任务载荷的功能与性能试验。因此，攻击型无人机系统投入实战将指日可待。在可预见的将来，对地攻击型无人机必将成为以空制陆的主要武器平台之一。

相对于有人驾驶飞机，无人机在执行对地攻击任务时，在人员安全、使用环境、使用成本等方面具有独特优势。同时也不能否认，随着战场环境的日益复杂，地面防空能力不断加强，对地攻击任务多样性增加，所投放武器的成本提高等因素的影响，使得无人机对地攻击的使用成本不断提高。因此，需要研究对地攻击型无人机的作战效能，并根据不同战场环境要求，寻找提高作战效费比的方法和有效途径。

这本书是以著者参与的某著名飞机设计研究所关于对地攻击型无

人机作战效能研究项目为基础撰写的著作，著者在查阅当今世界上主要无人机系统的功能、性能、作战使用模式、功效效果等文献的基础上，采用经典评估模型、现代专家评估模型和神经网络等方法，对无人机对地攻击的效能进行了细致分析与研究，结合国内外先进无人机特点与对地攻击使用实例，得到了一套对地攻击综合效能评估方法。

撰写本书的初衷源于美国等发达国家为了解决经费不足和费用上涨的尖锐矛盾，从20世纪60年代起就把费用作为与性能和研制进度同等重要的因素看待，提出了效能和寿命周期费用的概念，建立了效费分析的科学方法。在攻击型无人机系统的整个寿命周期内，全过程实施跟踪和控制，分阶段进行评审，并做出相应的决策，取得了显著效果。时至今日，国外攻击型无人机效费分析研究已经取得长足发展：2003年6月，国际电工委员会（IEC）正式颁布了《寿命周期费用分析—应用指南》；美国国防部关于CAIV（Cost As An Independent Variable，费用作为独立变量）的条例趋于完善，明确规定所有采办类别（ACAT）为Ⅰ和ⅠA类的项目都必须符合CAIV原则并建立一个CPIPT（费用—性能综合产品组），采办项目基线应包括CAIV目标和关键的进度日期，ACTD项目在其计划和执行过程中应执行基于CAIV的费用—进度—性能权衡等。国内攻击型无人机系统的经济性也越来越受到重视：2001年，《攻击型无人机设计手册》第一次增设了第22分册《技术经济设计》；同年，专著《现代攻击型无人机效费分析》对攻击型无人机效费分析的理论和方法进行了系统的阐述；解放军总装备部明确规定，今后重大项目不做系统的经济性分析或经济性分析没有通过评审的不能立项。为此，空军首次增设了专门进行经济性分析的正式机构，各类航空院校普遍开设了相关课程并设立了硕士和博士学位授权点。但由于国内缺少论述攻击型无人机效费分析的专著，不能帮助相关人员解决工作中的实际问题。因此，作者根据这个迫切需要，在自己前期研究成果的基础上，查阅国内外大量相关领域研究文献，将系统工程与效费比评估理论和方法相结合，编写完成这本专著。

本书将系统工程原理和方法应用于攻击型无人机系统效费分析研究，并将效费比这一综合性战技指标作为主要决策依据和关键技术，指导攻击型无人机系统的设计、研制与使用。攻击型无人机效费分析在观念上实现了三方面的重大突破：第一，从重视性能到重视效能的重大突破；第二，从重视采购费用到重视寿命周期费用的重大突破；第三，从仅重视效能或仅重视寿命周期费用到着眼于二者的统一，即重视效费比的重大突破。其中，全寿命周期成本（LCC）概念与计算方法已在国外军工产品研制与采购中深入人心，是项目决策的重要依据之一，它克服了传统上仅注重降低生产制造成本的局限性，强调“产品成本是研发设计的结果”，统筹考虑产品的可生产性、可靠性、可维修性等要求，减少产品在交付使用后的使用与维护费用。LCC 管理强调以顾客为中心，不仅考虑了生产，同时也考虑了使用者的耗费，确定有利于提高成本效果的最佳设计方案。

本书从无人机的现状与发展趋势出发，导入对地攻击型无人机的作战样式、评估攻击型无人机作战效能的方法以及对地攻击型无人机的效费分析方法，可读性和科学性并重。给读者带来阅读愉悦的同时，又以严谨的态度介绍了对地攻击型无人机效能评估和效费分析的方法。本书适用于各类航空院校相关专业硕士和博士研究生教学与参考，同时适于航空系统专业技术人员使用。

目　录

第一章 综　　述

第一节 什么是无人机

一、无人机的定义

回顾百年航空的发展历程，是一部以战斗机为代表的军用飞机的发展史。1903 年 12 月 17 日，美国莱特兄弟驾驶“飞行者 1 号”成功地飞行了 4 次，在最后的一次飞行中，飞行了 59 s，距离 260 m，它标志着人类飞天梦的实现。19 世纪是以活塞式发动机为动力的亚声速飞行时代。当前是以喷气式发动机为动力的超音速时代。不久的未来将是无人战斗机或者说是无人机的时代。什么是无人机？所谓无人机，是动力驱动，能够自主飞行，可重复使用，而且是无人驾驶的航空飞行器。

首先来看无人机和有人机的区别。所谓无人机，首先是无人驾驶的，有人机是有人驾驶的；无人机可以按照事先规划的航线来进行飞行，而有人机是驾驶员驾驶飞行；相对有人机而言，无人机的性能比较简单，而有人机由于有人在上面，它人员的支持系统和生命保障系统要比无人机复杂得多。另外相对而言，无人机小且轻。小的无人机才 10 g，大的无人机也就 1.1 万 kg 重，而重型战斗机都在 30 t 以上。

接下来看一下无人机与航模的主要区别。众所周知，航模也是无人驾驶的。的确，航模上也没有人驾驶，但是它们两者是截然不同的。首先无人机是自主驾驶，自主飞行。而航模是遥控操纵，对于无人机来讲可以超视距、程序控制，而航模只能在视距内范围里，由地面人员进行控制。从系统上来讲，无人机系统复杂，而航模相对来讲要简单得多。另外对无人机来讲，有高速、中速和低速飞行无人机，而航模由于是人员操作，通过目视观察速度，人员反应速度都不可能过快，所以航模一般都速度不快，它只能是低速的。

另外看一下无人机与巡航导弹它们之间有什么区别。无人机和巡航导弹都是无人驾驶，自主飞行。但是无人机可以带不同的装备，执行不同的任务。而巡航导弹带的战斗部，对敌攻击，而且是一次性使用。无人机可以重复多次使用。

无人机系统的组成。首先，它是飞行器平台，有一个飞行器与之相应。其次，它有无线电遥控、遥测装置，即主控制站。在主控制站里可以对无人机进行操纵，比如航线的规划、整个飞行姿态的遥控与遥测，以便随时掌握无人机在空中的姿态和飞行状况。无人机还可以执行相应的任务，例如战场侦察、战场评估、对地攻击等，在执行任务时，需要带相应的任务设备。无人机的组成系统中有一个发射回收系统。

按照不同的分类标准，无人机有不同的分类。简单地说，无人机可以分为军用和民用两大类。在军用无人机中又可以分为无人侦察机、无人战斗机、靶机、微型无人机和无人直升机。

二、无人机的发展

无人机的发展可以追溯到第二次世界大战时期。在 1935 年，德国在希特勒的领导下，为了发动第二次世界大战，命令空军开展火箭方面的研究，其中一个方面就是研究外形像飞机一样的火箭，第二种是弹道式的飞行轨迹是抛物形的火箭，而且很快在波罗的海的乌采顿岛上修建了佩内明德试验场进行试飞。1942 年 6 月，再一次把这个工程提了出来，在 1942 年的 12 月 24 日实现了首飞。这个项目是由著名的航空先驱、航空专家、火箭专家冯·布劳恩主持的。冯·布劳恩在二战之后到了美国，后来主持了美国的阿波罗空间计划。德国在此基础上成功试射了 V-1 飞弹，后来经过进一步的发展，就形成了V-2 无人机。V-2 无人机的产生，在无人机技术方面是一个里程碑。同时无人机的发展使航空器中的另一种类得到极大的发展，那就是导弹。二战期间，德国人为了打击英国，向英国伦敦投放了 5 000 枚V-1飞弹。由于当初的技术水平和现在的技术水平是不可比拟的，所以打击精度不高，如果现在投入 5 000 架轰炸机，恐怕伦敦就不是今天这个样子了。

有了第一架无人机以后，无人机的后续研究得到了极大的发展。主要分为三个阶段：第一个阶段就是在 20 世纪五六十年代，形成了一个无人靶机的研制时期，简称靶机时代。在 20 世纪五六十年代，世界处在一个冷战时期，超级大国加紧进行军备竞赛，研制出了一批高性能的飞机和导弹。对这些飞机和导弹的性能进行检验和鉴定需要大量的靶机。武器装备鉴定需要，极大地刺激了无人靶机的发展。

第一架靶机是美国的“火蜂 1 型”靶机，它由涡轮喷气发动机推进，高亚音速，全金属机体结构。机长大概有 7 m，翼展 3.93 m，起飞质量 1 134 kg，最大的平飞速度是 1 112 km/h。南京航空航天大学研制生产了中国的第一架靶机——长空一号靶机，这个靶机的机长是 8.4m，起飞质量 2 060 kg，最大的平飞速度是每小时 920 km，高度范围是在相对地面 50 m 到 1.8 万 km。

第二个阶段是无人侦察机的诞生。在越南战争期间，有人军用侦察机得到了广泛的应用，特别是像美国的 U-2 侦察机，SR-71 等有人侦察机。但是这期间，U-2 侦察机在越南、苏联和我国的上空接连被击落下来，造成了惨重的损失，给美国人在外交上带来了被动。于是美国人就提出，要研制无人侦察机，以减少人员的伤亡。于是美国人首先把火蜂靶机改装成无人驾驶侦察机，把它称为 Ryan147，它的机长是 8.8 m，翼展 3.93 m，起飞质量 1 430 kg，最大的平飞速度是 612 m/s，高度达到 18 km。那么中国的第一架无人侦察机——长虹无人机，它的机长是 8.97 m，翼展 3.76 m，起飞质量 1 085 kg。这个无人侦察机是通过母机挂在这个机翼下面，在空中进行发射的，这是一种比较少见的发射方式。

第三个阶段是无人机飞速发展的阶段。也就是 20 世纪 90 年代以后，无人机的发展在这个时期具有鲜明的时代特点。第一是现代战争中无人机被广泛地应用。可以说无人机从辅助、支援机种转为了一个主战机种，成为一种主要的武器装备，这是一个很大、飞跃性的变化。第二是小型无人机崭露头角，尤其是在中东战争中，它取得了非常好的实战应用效果。在贝卡谷地战役中，以色列利用了小型的无人飞机来诱导叙利亚的防空、堤防雷达开机，就是典型的一个战例。第三是无人机的发展系列化，出现了三大发展热点，分别是长航时无人机、无人战斗机和微型无人机。在这时，美国的“全球鹰”研制成功并装备了部队。另外一个特点是各个国家相继成立了无人机专业化部队。

三、无人机发展的动因

推动无人机快速发展的原因是多方面的。第一个原因是政治原因。美国在越南战争期间，空军有 2 600 多架飞机被击落，其中有 5 000多名飞行员被俘，或者是死于战争，仅此一点损失就是非常大的，可以说是伤亡惨重。人们厌战、反战情绪高涨，引起了政治危机，这就必须从政治上解决人员伤亡的问题。如何减少人员伤亡呢?那就是无人化，这就有了研制无人机的需求。第二个是经济上的考虑。有人驾驶飞机的成本成倍地增长，F-22 达到了 1 亿美元的单机价格；那么轰炸机的价格更是惊人了，像 B-2 隐身轰炸机，它的造价是 4.5 亿美元。无人机的使用费用比较低，由于无人机体积比较小、质量比较轻，造价和使用成本都很低。相较于有人机，无人机的成本降低了 1/3，有的甚至是一个数量级。另外，无人机特别是无人战斗机可以长期保存在仓库里面，十年或者更长的时间。这样一来，使用维护费用就大大减少了，据军方估计可以减少 80%。另外在飞行方面，无人机的训练跟有人机不太一样。有人机，飞行员必须到空中去飞，每飞行一小时需要 4 万美元的花销。而无人机可以在虚拟的座舱里面进行训练，所以费用大大减少。同时一个人可以控制几架甚至数十架的无人机，而有人机驾驶员不可能在空中一个人开两架飞机。所以对飞行员的培养，这个费用也可以大大减少。总的来说，无人机的使用费用是较低的。

另外，战争的需求是无人机快速发展的一个推动力。在冷战期间研制了靶机，而越南战争期间无人侦察机诞生了，中东战争期间小型无人机崭露头角，在海湾战争中大量地使用了小型无人机，而在科索沃战争中，中空长航时无人机初露锋芒，之后在阿富汗和伊拉克战争中同样发挥了威力。在阿富汗战争中，“捕食者”无人机首次发射导弹，这是无人机首次进行导弹发射，对地面进行攻击。那么在不久的未来，高空、高速、隐身、长航时无人机将是一个很大的需要。另外，无人作战飞机、高超声速无人机以及微型无人机都将是一个很大的需求。所以战争的需求是无人机得以发展的一个推动力。另外无人机有优越的使用特性，特别是小型无人机，它机动性、隐蔽性好。小型单兵无人机的使用，使战士在战场前沿就可以利用无人机看到敌方阵地上的情况，甚至可以看到对方的哪个士兵在使用什么装备，正对着哪个方向进行开火，而且都是实时的。

四、无人机的应用

无人机军事方面的应用大致可以分为 4 个方向。

第一，我们把它称为软杀伤，也是在电子对抗战争中使用的无人机。比如在软杀伤中可以进行雷达信号干扰，无人机装的铝箔到了作战区域以后，在空中撒出，敌方雷达看到的就是一团杂乱的信号，对敌方的雷达起到干扰的作用。无人机也可以带一些干扰设备，发射与敌方雷达同频率、同频段的电磁信号，让对方雷达接收不到，发现不了己方的飞机，这样就可以在隐蔽下进行攻击。另外还有光电干扰，比方说打闪光、激光等进行干扰，这也是软杀伤。软杀伤可以为自己争取到更多的时间。

第二是硬杀伤方式，也就是进行无人攻击。对地、对空攻击都是硬杀伤的。

第三是反辐射就是对雷达进行攻击，它是个自杀式的。

第四是侦察方面，应该说无人机更多还是用于在战场的侦察，可以进行光学侦察，带航空相机、CCD 摄像机、红外行扫描仪等侦察设备。

其他比如在民用方面，包括森林防火、边防缉私、航空拍照、地面勘探等，都可以使用无人机。

五、无人机的战场应用

下面是无人机在现代战争中的一些实际应用情况。

越南战场上无人机初露锋芒，美军出动了 3 435 架次的无人机，获取了 80%的空中侦察照片。

中东战争中无人机可以说是身手不凡。在 1982 年 6 月 9 日贝卡谷地战役中，以色列用了“石鸡”“侦察兵”“猛犬”等小型无人机，诱导叙利亚的“萨姆-6”地空导弹的制导雷达开机，然后获得了雷达的工作参数、波段等，并测定它的位置，把这个信号通过空中的预警机传到了指挥部，指挥部命令地面导弹和空中轰炸机进行攻击，仅仅 6 min 的时间，就把叙利亚 19 个导弹阵地全部摧毁掉了。这是无人机在战场上使用的一个经典战例，使以军掌握了战争的主动权。

海湾战争中无人机大放异彩。多国部队使用了两百多架无人机，其中“先锋”无人机就有 90 多架，“敢死蜂”60 多架。仅“先锋”无人机执行任务就高达 530 多次，“敢死蜂”也执行了 500 多次任务。无人机完成了战场侦察、炮火校射、通信中继和电子对抗等任务。在海湾战争中，无人机首次实现了图像实时传输，也就是说无人机在空中飞，底下所拍摄到的、所看到的图像同时传输到了指挥所，在主控站显现出来。小型无人机即使被敌方打掉，它也很好地完成了侦察任务。在海湾战争中，无人机引导地面部队摧毁了伊军 120 多门火炮、7 个弹药库、1 个炮兵旅和 1 个步兵连。

在波黑战争中，无人机风光再现。战争中使用的无人机有 200～300 架，其中最令人瞩目的是捕食者，一种中空长航时无人机，它飞了 1 000 多个小时。战争刚开始时，塞族军队并没有把只在空中巡逻并不发动攻击的无人机当回事。直到塞族 70%的军火库和 30%的指挥所遭到北约飞机的精确轰炸后，塞族人才意识到这个在空中像鸟一样飞翔的无人机的厉害。“捕食者 A”是在“纳蚊”的基础上发展起来的，是一个长航时战略性的无人侦察机。它可以把图像实时地传输到地面，地面再把它放大，找目标，最后传到了主控站。在主控站指挥部里，完成了接下来的指控进行攻击任务。它翼展有 12 m，机长 8 m，升限 7 600 m，最大速度每小时 160 多千米。可以说它的速度不是很快，但是它能很好地执行任务。尤其是它可以最大装载 204 kg 的任务载荷，续航 24 h。

阿富汗战争期间，美国人又出新招，在捕食者无人机上首次安装携带“海尔法”导弹用来进行攻击。而且在阿富汗战争中，首次使用“全球鹰”这么一个非常庞大的无人机。“全球鹰”可以在全球进行飞行侦察，它可以替代卫星更好地完成战场的侦察任务。“全球鹰”的翼展 35.4 m，相当于波音 757 飞机的翼展，机长是 13.5 m，它的升限达到了 2 万米的高度，巡航速度是 635 km/h，起飞质量 11.62 t，它的续航时间可以达到 36 h，任务质量最大可达 900 多千克。

伊拉克战争中无人机战果显著，是美军投入无人机最多的一次，数量上是在阿富汗战争中的 3 倍。按照美国国防部的说法，无人机提高了联军的作战能力，将目标摧毁力提高了 25 倍。这次战争用了 20 架“捕食者 A”和两架“捕食者 B”无人机。“捕食者 A”可以带两枚“海尔法”导弹，而“捕食者 B”是在“捕食者 A”的基础上换了发动机，加大了尺寸，最多可以装 360 kg 的任务载荷，最多可带 8 枚“海尔法”导弹、6 枚 GBU-38 攻击弹，作战能力大大地提高了。另外有 4 架“全球鹰”参加了战斗。还有很多种小型的无人机也参与了这个战斗。在这一次战争中，无人机主要是完成情报监视侦察、火力打击、电子干扰、欺骗、战场评估、信息中继和对地支援的任务。

第二节 对地攻击型无人机综述

一、无人机的应用现状与发展

在20世纪六七十年代有人提出发展攻击型无人机的设想，以减少飞行员的伤亡。随着这一想法的出现，人们在这方面的探索和努力就没有停止过。随着计算机等现代技术的进步，自动控制和驾驶技术被广泛应用在有人驾驶的战斗机上，这使得有人战斗机自动化程度非常高，如美国的F-117隐形战斗机在战斗时，飞行员除了在控制武器发射时按动按钮外，其余动作均由计算机系统自动完成。这使人们注意到，飞行员在驾驶飞机外依然可以操纵攻击型无人机进行作战任务。在航空学术领域，空气动力学、结构力学、新型材料、发动机技术、新的攻击型无人机综合设计技术都有了长足进步。所有这些，都为无人战斗机成为现实提供了有力保证。

当前，对攻击型无人机有两种定义方式：一种是攻击型无人机是一种可返回的、可控制的、有自主性的（或按照预设航线）巡航导弹；另一种是具有隐身性、自主飞行能力和长续航能力的，可受控飞行而且能大机动飞行的无人驾驶飞行器。根据前一种思想设计出的无人攻击机实际上是巡航导弹的变种，与现有巡航导弹比，增加了灵活性，但还是一次性攻击武器。典型的产品有以色列航空工业公司研制的“哈比”无人攻击机，用以攻击敌方空防雷达或地对空导弹发射系统。攻击程序是：首先通过机载的探测系统探测到敌方空防雷达发出的辐射信号，然后以一种“自杀”的方式与其同归于尽。

第二种设计思想是本书要讨论的主题，与第一种思想的区别是，这种攻击型无人机是一种武器发射平台，综合利用机内机外各种信息资源，信息回路控制等，使得攻击型无人机可以自主决策飞行。这种设计思想不仅在各方面具有发展潜力，而且有非常好的效费比。

攻击型无人机与有人战斗机相比，在概念上有许多不同，如攻击型无人机的使用、保障概念强调长期储存，在使用时能马上形成战斗力，其保障活动减少，保障能力加强。攻击型无人机可以有多种武器选择，从精确制导武器到直接能源武器，如激光和最新发展的高能微波等。

攻击型无人机系统是一个复杂的、多数据链参与的人机闭环控制系统。操作员在地面或其他有人机上通过数据链对攻击型无人机进行实时控制。攻击型无人机本身具有一定的自主飞行能力，能实现大机动飞行，执行多种作战任务。攻击型无人机装备有各类传感器，能把攻击型无人机自身的一些状态信息和战场的环境信息通过数据链传达给控制站，操作员根据情况发出各类指令。由于现有的技术水平，攻击型无人机系统能执行的任务主要是对地攻击任务以及一些侦察任务等。

随着攻击型无人机设计技术的进一步发展，攻击型无人机还能执行空中打击任务，如防御战术弹道导弹和巡航导弹、要地防空、空中格斗等。随着攻击型无人机技术的不断发展完善，攻击型无人机有可能完全取代有人战斗机，从而实现飞行员“零伤亡”的基本设计思想。

21世纪的无人机将在未来的信息战、精确打击作战、无人化作战和陆海空天电“五维”一体化战场中大显身手，成为航空航天作战的倍增器。无人机的用途由执行侦察任务扩展到执行多种打击任务之后，必将演变成为一种高效费比、攻防兼备的全新概念武器，并将引起军队作战思想、作战样式和组织编制的一系列变革。一些军事专家推出的“零伤亡”战争理论就是以无人机为代表的无人作战平台为基本核心策划的。21 世纪，随着高空长航时无人侦察机、无人轰炸机、无人战斗机等高级无人机逐步投入战争，将会导致武器装备的第三次革命。

（一）无人机发展历程和现状

无人机在作战实践中的巨大成果，正逐渐引起世界各国的持续关注。世界上主要航空大国越来越重视无人机。以美军为例：美国国会报告显示，目前美国空军共拥有 7 494 架无人机，占空军飞机总数的 31%。然而仅在 2005 年，美国空军无人机的数量还只占空军飞机总数的 5%。

总体来说，当前大部分的美军无人机都是用于航空侦察的小型间谍机。例如，美军总共拥有 5 346 架“乌鸦”（Raven）无人侦察机，该机型也成为迄今为止数量最多的便携式无人机。虽然美国国防部目前每年用于采购人工驾驶飞机的开销仍占总开销的 92%，但自 2000 年起至上一个预算年，美国国防部每年用于采购无人机的开销已从 2.84 亿美元迅速增加到了 33 亿美元，总计已花费 200 多亿美元。

2005 年 8 月 4 日，美国国防部部长办公室发布了《无人机系统路线图，2005—2030》，该文件比较详细、全面地阐述了美国各种用途的无人机研制、作战情况，说明了美国对无人机的未来需求、技术实现途径、未来的发展规划和设想。文件重点指出：无人机系统采用新战术、新技术、新方法改变了当前的作战空间，实现了对战场的打击和支援。并对无人机提供精确、及时的直接火力和间接火力表示期待。该文件作为一个备忘录，分送给各军事部门领导，包括空军参谋长、陆军参谋长、海军陆战队司令、海军作战部部长、国防预研局局长、国家地面与空间情报局局长等。该文件对美国甚至世界未来一段时间无人机的发展起到重要的作用。2010年，美国陆军发布了《陆军神目：美国陆军无人机系统2010—2035路线图》，肯定了无人机作战系统在具体实战中的作用，提出了美国陆军对军用无人机的要求，为这一平台的发展指明了方向。

英国正在实施“守望者”无人机计划，日本防卫厅正在研究开发无人侦察机，到2007年总投入达到19亿日元。澳大利亚、瑞典、印度等国也对研制无人机给予了极大的关注。我国作为维持世界和平的一支重要力量，也正在无人机领域奋发图强，以早日达到国际先进水平，为世界和平做出自己的贡献。

2001年年底，在美军针对阿富汗塔利班政权所展开的“持久自由”行动中，美军各类无人机参战的报道频频见诸报端，第一次使人们普遍关注起这支新兴的军事力量。无人机在战场的使用可以追溯到20世纪60年代的越战中。越战期间，它就承担起了危险环境下的侦察任务，前后总数达到数千架。而且早在80多年前，无人机（Unmanned Aerial Vehicle，UAV）就已问世，开始时称为“遥控飞行器”(Remotely Piloted Vehicle，RPV)，大多用作靶机，在早先的简氏世界飞机年鉴中归为遥控飞行器与靶标族类，即RPVs和Targets。这种用途一直持续到今天，靶机仍占无人机市场份额的七成左右。除靶机外，在漫长的岁月中，无人机发展缓慢，一直到近代几次局部战争，无人机才崭露头角，逐步成为介于有人驾驶飞机和导弹之间的另一类作战武器。

相对其他类型无人机来说，无人战斗机（Unmanned Combat Aerial Vehicle，UCAV）是指专门作为战斗平台而设计的无人机，能够携带和施放致命或非致命武器对敌人实施攻击，并具有完成情报、监视、侦察以及电子攻击等多项任务的潜力，是无人机的一个重要子集。目前在各种文献中提到的无人战斗机，主要是指美国在

20世纪90年代末开始发展的用于执行压制敌方防空火力（Suppression of Enemy Air Defences，SEAD）的X-45和X-47。实际上，无人战斗机的任务范围要比X-45和X-47大得多，制空、近距空中支援、纵深遮断等一些战斗/攻击机、轰炸机的任务也在其未来的能力发展范围内。从作战任务角度来看，目前发展的无人战斗机更类似于战斗轰炸机。

与直观感觉不同，无人战斗机的主要技术并不是由无人机发展来的，而是来源于有人飞机、先进传感器、高速处理器和网络等技术领域。因此，从技术角度来讲，无人战斗机是有人战斗机的延伸，性能需求上也与有人战斗机相当。从第一次世界大战起，美国的空、海军就开始致力于发展用于执行作战任务的无人战斗机，但由于技术原因一直未获成功。1991年海湾战争，美国三军大量使用了无人机用于侦察、目标瞄准和战伤评估，无人机的价值首次得到共识，直接促成了“捕食者”“暗星”和“全球鹰”无人机的立项，并使计划制定者开始考虑无人机的其他任务角色：压制敌方防空火力（SEAD）和攻击任务。

无人机有两种作战形式：一种是以自身作为战斗部杀伤敌目标的自杀型无人攻击机；另一种是携带武器并可反复使用的无人战斗机。前者以反辐射无人机为主，一般在无人飞行器上加装被动雷达导引头和引信、战斗部。其优点是便于穿越敌防区，并可在敌方地域上空巡航待机，一旦发现目标即可实施自杀式攻击，它能够垂直向下攻击，使敌方难于对其拦截。以色列研制的“哈比”就是其中十分典型的一种。但是只有携带武器并可反复使用的无人机才是真正意义上的无人战斗机（UCAV）。它采用人在回路中的控制方式，由地（海）面指挥控制中心、空中指挥控制中心或有人战斗机上的飞行员操纵，能够执行对地攻击和空战任务。

在无人战斗机的研制上，美国走在最前面，已经开发出空军与海军UCAV的验证机。波音公司已签订了压制敌方防空武器的无人战斗机先进技术验证计划第一阶段的合同，并于2000年9月展出了无人战斗机的演示验证机X-45A，首次飞行试验的后期准备工作已于2001年年底基本完成，如果第二阶段的验证成功，那么产品化、工程化的无人战斗机将于2015年前装备部队。

无人战斗机首次用于实战是在2001年10月，美国用挂载了“海尔法”导弹的“捕食者”无人机在阿富汗进行了实弹攻击，开创了用加载武器的无人攻击机对地攻击的先河。目前世界各国已投入或即将投入使用的无人战斗机见表1-1。

表1-1 世界各国现役或即将投入使用的无人战斗机

名 称	国别	生产商	备 注
X-45	美国	波音无人机系统公司	隐形
X-47“飞马”(Pegasus)	美国	诺斯罗普·格鲁门公司	隐形
捕食者（Predator）MQ-1	美国	通用原子航空系统公司	携带“海尔法”导弹
LOCAAS	美国	洛克希特·马丁公司	特征不详
AVE	法国	达索飞机制造公司	隐形
“狐狸”(Fox) AT和TX	法国	EADS集团	电子战飞机
台风（Taifun)	德国	STN亚特拉斯电器公司	特征不详
阿巴比T（Ababil)	伊朗	Qods航空工业公司	特征不详
“哈比”和“短剑”	以色列	以色列飞机工业公司	反辐射
高度先进研究布局（SHARC)	瑞典	萨伯航空航天有限公司	隐形

2014年6月22日，法国国防部部长勒·德里昂（Jean-Yves Le Drian）出席“神经元”无人机的展示仪式，该攻击型无人机是法国达索公司的最新产品，法国“神经元”无人机正式亮相。

“神经元”无人机采用飞翼气动布局，进气道和尾喷口都采用隐身设计，机身覆盖隐身涂层。该机总长9.2 m，翼展12.5 m，最大起飞质量7 t，有效载荷超过1 t，最大飞行速度0.8马赫，续航时间超过13 h，具有航程远、滞空时间长等基本特点。

“神经元”的决定性优势是可以在不接受任何指令的情况下独立完成飞行，并在复杂的飞行环境中自我校正，其飞行速度也超过了一般侦察机。更为引人注目的是，“神经元”翼展尺寸与“幻影-2000”相当，但显示在雷达屏幕上的尺寸却不超过一只麻雀。由于该机具备多种作战能力，被国际防务专家视为有效的多功能隐身无人战斗机。

从技术性能上看，“神经元”无人机主要具有以下4个特点。

一是隐身性能突出。在外形设计和气动布局上，该机借鉴了B-2A隐身轰炸机的设计，采用了无尾布局和翼身完美融合的外形设计，其W形尾部、直掠三角机翼以及锯齿状进气口遮板几乎就是B-2的缩小版。

在机体材料选择上，该机采用全复合材料结构，雷达辐射能量少。此外，由于该无人机没有驾驶员座舱，体积和质量的减少使其在隐身方面具有有人机难以媲美的先天优势。

二是智能化程度高。“神经元”综合运用了自动容错、神经网络、人工智能等先进技术，具有自动捕获和自主识别目标的能力，也可由指挥机控制其飞行或作战。比如一架法国“阵风”战斗机可以同时指挥4～5架“神经元”无人机，在有人机前方进行侦察或进行攻击。

“神经元”无人机解决了编队控制、信息融合、无人机之间的数据通信以及战术决策与火力协同等技术，实现了无人机的自主编队飞行，其智能化程度达到了较高水平。

三是对地攻击方式多样。“神经元”无人机是一种集侦察、监视、攻击于一身的多功能无人作战平台。该机不仅能完成侦察、监视、通信中继和电子干扰等任务，更重要的是，能采取多种方式对地实施攻击。

它能在其他无人侦察机的配合下，反复在敌核生化制造和储存地区进行巡逻、侦察和监视，一旦发现目标便可根据指令摧毁这些目标。也可在前方空中控制员的指挥下，与己方地面力量密切配合，执行目前由武装直升机和攻击机完成的近距空中支援任务。“神经元”无人机还可发挥隐身性能好和突防能力强的优势，诱敌暴露目标，并对其实施快速攻击。

同时，“神经元”既能通过机载数据链系统引导友机规避或攻击目标，又能在友机引导下自主攻击目标。它战术反应敏捷灵活，攻击方式巧妙多变，令敌人防不胜防。

四是效费比高。“神经元”无人机兼具有人战机和导弹的优点，在使用上具有更高效费比。与有人战斗机相比，它不但生产成本低，而且可以不考虑飞行员的生理限制和生命保障，其费用比有人机节省大约65％。

与导弹相比，“神经元”无人战斗机可多次重复使用，可以回收或自动着陆，由于装备有高速数据链系统，因而比导弹更加灵活。另外，“神经元”无人机如挂载联合直接攻击弹药打击地面目标，其成本远低于“战斧”巡航导弹。

俄罗斯军工综合体网2014年7月24日消息，据俄塔社7月22日报道，在“雷神”隐身无人机演示机试验过程中获得的数据将被用于进行研究，并将最终在2030年取得成果。据《航空周刊与航天技术》报道，2013年年底和2014年年初该机在南澳大利亚的乌梅拉秘密靶场进行了试飞。

目前，演示型“雷神”无人机正在英国进行技术维护，以为可能进行的第三阶段试飞做准备。它们将被填充在法国国防部部长勒·德里昂和英国前国防大臣菲利普·哈蒙德在“范堡罗-2014”国际航展上所签订的协议里。2014 年 7 月 15 日，双方签订了启动为期两年的无人驾驶作战飞机预先设计计划。这种无人机最终将发展成为欧洲未来航空作战系统（Future Combat Air System，FCAS）。计划总额约为 1.93 亿美元，共有 6 家合作企业参与：BAE 系统公司、达索航空公司、罗尔斯·罗伊斯公司、萨弗兰公司、塞莱克斯公司和泰利斯公司。

2013 年 1 月，在 BAE 系统公司和达索航空公司完成始于 2012 年中期的初步研究之后，两个伙伴国宣布了总体合作计划。罗尔斯·罗伊斯公司和斯涅柯马公司（萨弗兰公司的子公司）、塞莱克斯公司和泰利斯公司的专家小组也正在加入新的研究工作，分别负责研发发动机和多功能传感器与通信系统。这些工作应自 2013 年秋季开始，将利用法国和英国在“神经元”和“雷神”无人机研发和试验过程中获得的经验。

同时，“雷神”隐身无人机演示机已经进行了第二阶段试飞。BAE 系统公司负责该计划的一位领导人透露，第一阶段试验的部分目的是调整空中信号系统。为了进行试验，在无人机头部安装了大型空中信号传感器。为了研究“雷神”无人机的红外和雷达隐身性能，在第二阶段试飞过程中拆除了该传感器，而安装了用于监控“暴露特征”的天线。在按“真实战斗情况”进行试验之前还更换了无人机的飞行控制软件。

BAE 系统公司未来作战平台项目首席专家克里斯·加塞德说，在头两个阶段的试飞过程中完成了传感器的部分测试工作。他说：

“传感器是初期评估标准的一部分，我们目前正在与国防部讨论其下一步试验选项。”

“雷神”无人机在执行所有任务过程中将实现高度自动化。除自动滑行、着陆和起飞外，无人机还能按照编程航线飞行，根据传感器所识别的目标特点选择攻击方法，然后开火。必要时“雷神”无人机能评估损失并再次攻击。在飞行的任何阶段无人机都能应对新出现的威胁，因为它装备电子侦察与监视系统。它还能制定备选航线，以将敌防空武器对其影响降到最低。

无人机高度自动化能减少数据传递通道的使用，从而降低被发现的概率。加塞德说：“在战斗出动过程中无人机可选择最好的目标攻击方案，但是，根据武器使用规则，自动化系统总是要保证操纵员知悉这些行动。”

BAE系统公司没有披露“雷神”无人机是否能规避超短波雷达的探测，但根据无人机的气动外形没有尖锐边缘或能与超短波共振的部分，可以推测，它可以做到这一点。

对于是否采用机头摆动角推力矢量控制，设计者们既未证实，也未否认，尽管加塞德说，在一些飞行状态下，机翼上下的4个活动面将被锁定。他还指出，飞行控制软件将借助于2个升降副翼来控制机头摆动角。他说：“这是隐身无人机，而从定义上来说，‘隐身飞机’是很难操纵的。”

BAE系统公司早些时候在Flavir项目框架内在“恶魔”(Demon)无人机上展示了液体推力矢量偏转系统。Flavir项目是该公司与坎菲尔德大学从2007年起开始共同实施的。

罗尔斯·罗伊斯公司国防分部科研和技术事务首席专家康拉德·本克斯指出，尽管有复杂的进气和排气系统以及能使进入气流扭曲变形的三角形进气道，但Adour Mk.951发动机在整个试验计划演练过程中未发生喘振。本克斯说："任务是将燃气涡轮发动机内埋并隐蔽其所有暴露特征。这是一个必要条件，但它能导致对气流和空气动力学来说很不寻常的严重问题。""雷神"无人机的发动机将承担大于"鹰"（Hawk）式教练战斗机的电力和液压负荷。

BAE系统公司军机分部负责人克里斯·博德曼指出，"雷神"无人机可能成为欧洲未来航空作战平台的原型。他认为，该无人机的技术水平比当年欧洲战斗机公司研发"台风"战斗机时的EAP（Experimental Aircraft Program）计划更先进。

目前关于"雷神"演示机试飞计划的信息十分有限。英国国防部拒绝透露关于飞行数量或飞行小时数的详细信息。

"战神"（Ares）无人机是美国国防部最早将于2015年试飞的一种全新的战斗无人机。这种新型无人机被称为"战神"（Ares），是"空中可重构嵌入式系统"（Aerial Reconfigurable Embedded System）的缩写。该机具有可折叠的外翼面，能垂直起降、高速飞行，能够根据不同任务需求迅速"变身"成为载人、货运、侦察、医疗救助或武力打击等各种类型的飞行器，"战神"无人机一旦发展成熟，将永远改变作战的艺术。

"战神"项目的前身是美国国防部高级研究计划署（DARPA）2009年提出的"变形金刚"项目（the Transformer Program），旨在开发出一种紧凑的、可垂直起降的、能够高速飞行的无人驾驶投送系统，能够执行物资供应、空中侦察以及伤员运输等任务。2013年，DARPA将之重新命名为"空中可重构嵌入式系统"（Ares）项目。这是一种无人驾驶飞行器，但未来其用户界面也可以设计为全自动/半自动无人驾驶或载人模式。

"战神"无人机的一大特点就是可以像直升机一样垂直起降，而不需要像"捕食者"无人机或者X-47B无人机那样依赖飞行跑道。因此，它可以无障碍降落到任何热点地区，例如地面部队难以抵达的战区或雷区，卸载物资或搭载救援士兵，然后迅速起飞、离开。“战神”无人机的另一大特点是“模块化”，其配备有可拆卸的有效载荷舱，因此可根据不同需求迅速“变形”为运兵飞机、货运飞机、侦察机或医疗救助飞机。甚至，在必要的时候，还具备打击能力。

目前，军工巨头洛克希德·马丁公司和直升机制造商皮亚·塞茨基公司正在联手建造有望于明年试飞的这架远程遥控原型机。该原型机有点像目前美国海军陆战队使用的 V-22“鱼鹰”倾转旋翼机，左右两翼各有一个可转动改变方向的涵道风扇式螺旋桨。当“战神”无人机垂直起降的时候，这两个环状螺旋桨将与地面保持平行，以产生向上的升力；在飞行过程中，这两个环状螺旋桨将倾转到与地面接近垂直的角度，以产生向前的推力。这一转换过程非常迅速。

“战神”无人机的翼展非常紧凑，约 13 m，因此其着陆地点只需要不小于 15 m 宽就够了，这比普通直升机的着陆地点宽度需求小了一半。与风扇同样倾斜的外翼面可在收存入库时向内折叠。这种紧凑的设计使得“战神”无人机可以装进 C-130 运输机机舱或者军舰的机库。可拆卸载荷模块安装于飞机中间部分，与着陆刹车器相邻。“战神”无人机的最小作战范围为 250 海里（加满一箱油的情况下）。

2014 年 1 月，洛克希德·马丁公司和皮亚·塞茨基公司开始进入 ARES 项目的第三阶段，也就是最后的设计阶段，该阶段将对涵道风扇无人机的飞行进行测试。皮亚·塞茨基公司正在生产飞行舱和旋翼组件，洛克希德·马丁公司作为团队领导，负责飞控软件的编写、系统集成。

如果一切按计划进行，那么 2015 年就能够建造完成一架可完全量产版本的“战神”无人机，其最大载重为 3 000 磅（约 1.36 t），并且有自己的动力、燃料、数字飞行控制，以及远程指挥的控制接口。

军方将能够通过智能手机或平板电脑操控这些无人机。

一旦发展成熟，“战神”无人机将能够在人员运输、敌情侦察、后勤补给、地面部队支援等方面为未来指挥官提供更多更灵活的选择。尤其是在小分队行动或者特种作战中，“战神”无人机的紧凑设计、垂直起降性能和模块化特点将永远改变作战的艺术。

（二）中国无人机发展现状

我国在发展自己的无人机技术上有着鲜明的特色，不但追求某些领域的领先，而且逐步实现较为全面的无人作战体系。从 20 世纪 50 年代开始研制无人机，我国无人机研究较为全面地走过了单一侦察型无人机、察打一体型无人机、隐身对地攻击型无人机、高智能三军通用无人系统的发展历程。现在处于察打一体型无人机逐渐走向应用、隐身对地攻击型无人机在研、高智能三军通用无人系统预研的阶段。

目前，国内有多家单位在从事无人机的研制和生产，为总参、陆军、海军、空军、二炮提供了以 WZ-5 为代表的一系列侦察监视无人机。在对地攻击型无人机的研究上，我国虽起步较晚，但进步较快。

20 世纪 90 年代我国获得的“哈比”无人机是我国拥有的第一款对地攻击型无人机。“哈比”无人机既可对敌防空武器系统的火控雷达进行压制，也能提供突击目标的指示。“哈比”无人机采用车载箱式发射，每车 18 枚。一个作战单元为 3 部发射车、1 部发射控制车、1 部电源车、1 部天线车。该机实用升限 3 350 m，续航时间 4.5～5.5 h，巡航速度 180 km/h，战斗部质量 6.5 kg，引信为近炸/触发式。“哈比”无人机发射后采用 GPS 导航，沿预定航线飞行，在规划的区域内巡航，对任务规划所设定的雷达频率进行搜索，截获目标雷达的辐射信号后，实施方位追踪并俯冲攻击。该机具有高可靠性、易操作性、频率使用范围宽、灵敏度高、可压制多种体制的雷达、续航时间较长、使用效益较高等特点。

在2005年前后，我国各大航空单位开始了“侦察打击一体化”无人机的研制工作。其中，代表型号是成飞的“翼龙”等无人机型号。“翼龙”是一种典型的察打一体化无人机，可携带各种侦察、激光照射/测距、电子对抗设备及小型空地打击武器。它采用正常式气动布局，大展弦比中单翼，V型尾翼，机身尾部装有一台活塞式发动机，机翼带襟翼和襟副翼，V型尾部没有方向/升降舵。采用前三点式起落架，起落架具有收放和刹车功能。机体结构选用铝合金材料，天线罩采用透波复合材料。机身长9.34 m，翼展14 m，机高2.7 m，翼龙飞机的展弦比较大，因此升力较大、诱导阻力较小，巡航升阻比较大，可以长时间在空中滞留。2012年11月13日，“翼龙”无人机系统实物亮相珠海航展。与此同时，西飞、沈飞、305所等多家航空科研单位和航空企业也陆续试飞了同类型无人机。

2013年11月21日，利剑隐身无人攻击机在西南某试飞中心成功完成首飞。这标志着我国开始步入隐身无人攻击机的研制时代，意味着我国继美国X-47、欧洲“神经元”无人机、英国“雷神”无人机之后，成为世界第四个试飞大型隐身无人攻击机的国家。

可以看出，这两年我国的对地攻击型无人机的发展进入了快车道，逐渐朝着多谱系、全方位、高智能的方向前进。

二、攻击型无人机的发展趋势

（一）无人机的作战任务进一步扩展

无人机在战争中遂行侦察支援任务已非常普遍，随着无人机技术的日益成熟，其研制工作进展很快。除美国外，法国、德国和以色列等都有各自研制的型号系列。无人战斗攻击机的初步设想已经成为现实，可以用于执行对地攻击或进攻性和防御性空中作战任务。根据未来作战的需要和无人机的作战特点，除继续执行战场侦察任务以外，无人机在未来战争中承担的任务将越来越多。

一是攻击型无人机将成为执行精确打击任务新的选择平台。随着察打一体化无人机的广泛应用，攻击型无人机的不断涌现，在未来的空中进攻作战中，无人机完全可以和有人飞机一样，挂载精确制导武器对地面目标进行空中突击。载有微型精确制导炸弹或激光制导武器的无人机深入敌方防空区域实施突防，摧毁各种移动目标或对敌方的指挥系统、信息系统、大规模杀伤武器和核生化武器实施精确打击。这种对地攻击型无人机的验证机已经出现，如美国的X-47B、中国的利剑、法国的神经元、英国的雷神等都已经试飞成功，美国的 X-47B 更是即将定型生产并将装备使用。

二是攻击型无人机执行任务的范围将进一步扩大。与自杀性反辐射对地攻击型无人机（见前文哈比无人机的介绍）相比，这种无人机机动性更好、航程更远，挂弹量大、摧毁能力强，并可在目标区上空长时间飞行，待机攻击目标。如果敌方雷达关机，无人机会改为巡航搜索状态，等敌方雷达再次开机时实施攻击。因此，攻击型无人机有望成为对敌腹地突击轰炸、对海攻击、战场支援性任务的理想平台。

（二）无人机向小型化、智能化、隐身方向发展

随着微电子、微机电、信息技术、智能技术和航空技术的飞跃发展，21 世纪初的无人侦察机技术已经日渐成熟。美国正在研制的微型无人机翼展不超过 16 cm，质量不超过 1 kg，可以在城市楼群中间甚至深入到建筑物内进行侦察。更有甚者，有人已经在研制只有马蜂大小的无人机。2005 年以后，可靠的高空长航时无人侦察机的飞行控制技术已经非常成熟。

立足无人侦察机的技术基础，无人攻击机将有所突破，以氢基为特种燃料的喷气发动机为动力，具有隐身特性、人工智能自主飞行控制、自动敌我识别、武器投放控制功能的美国“攻击星”（Strike

Star）长航时无人攻击机将在2025年之前投入使用。

（三）攻击型无人机向高生存率、低损耗方向发展

鉴于科索沃战争和伊拉克战争暴露出的战术无人机损耗率较高的问题，21世纪的无人机将在控制造价的同时，提高生存率，以降低损耗率和使用费用，从而为无人机大范围应用部署创造条件。

在不久的将来，随着攻击型无人机的成本降低和安全性提高，陆、海、空三军都将更加青睐这种高性能的武器平台。

三、攻击型无人机的优势

（一）攻击型无人机的性能优势

在战斗机设计过程中，存在着很多限制因素，如人类飞行员的生理极限、飞机的结构强度等，导致有人战斗机设计上的各种参数不能完全达到理想目标。如果机上没有飞行员，则机载设备和系统将得到极大简化，因此攻击型无人机的设计不受任何人员生存保障的限制，从而可挖掘出巨大的作战潜能。攻击型无人机具有一系列独特的优点。

一是攻击型无人机具有很强的续航能力。与有人战斗机相比，攻击型无人机的质量轻、气动布局更有效、气动效率高、续航时间长。

二是攻击型无人机具有很大的设计过载。攻击型无人机的设计过载可达10～20倍，有人战斗机由于受人的生理特点限制，一般设计过载最高到9倍。攻击型无人机在执行任务中，可以以高机动性攻击各类高机动的、未知的或突然出现的目标或者是摆脱多数导弹的攻击。

三是攻击型无人机具有更快的反应速度。攻击型无人机充分利用“系统中的系统”和“信息优势”等特点，依赖机外其他系统提供目标信息和攻击指令，使机上的传感器指令需求降至最少，并通过其他

系统获取更多的情报信息以提高其反应能力。攻击型无人机的进步有赖于信息技术的完善与进步。攻击型无人机的操作员处于攻击型无人机作战信息网络的核心位置，对所操纵的攻击型无人机周围的战场态势了解全面，而且由于不考虑伤亡问题，没有恐惧心理，能有效地指挥攻击型无人机作战。

四是攻击型无人机具有更小的尺寸。攻击型无人机因为没有常规驾驶舱和机上驾驶员，所以可以设计得比有人战斗机小得多。波音公司设计的全尺寸攻击型无人机样机翼展略大于 F-16 的翼展，机身长度只有 F-16 的一半。如果采用专为攻击型无人机研制的小型弹药和各种设备，攻击型无人机的尺寸将会更小。攻击型无人机的小型化不仅会使作战效能和生存力提高，而且会给攻击型无人机的低成本带来好处，与有人战斗机相比，可降低研制和生产费用。

（二）攻击型无人机费用优势分析

攻击型无人机的造价和寿命周期费用应尽可能低，才能符合未来战机的发展要求。当今世界，各国的防空力量日益增强，技术水平不断提高，战斗机和飞行员的生存环境越来越恶劣，有人驾驶战斗机面临着前所未有的挑战，这对有人驾驶战斗机提出了更高的要求：一方面，作战飞机的性能要求越来越好，如对第四代（苏俄标准的第五代）战斗机的性能要求有超视距作战能力、低可探测性以及高机动性和敏捷性、作战持久性强、出勤率高等；另一方面，作战飞机的价格也越来越高，作战飞机的经济性问题越来越突出。从第三代、第四代军用作战飞机的经济性来看，由于综合国力和军费的限制，军机研制费和价格制约着军机的发展和空中力量规模的扩大。研究军机的全寿命周期费用是为了更好地提高军机的经济性，有效地控制军机的费用。实践表明，军机的全寿命费用主要取决于设计阶段及其前期所做的决策。

低寿命周期费用是未来新型战机的关键特征。攻击型无人机的价格大致与攻击型无人机的大小成正比。攻击型无人机的尺寸小，可以做到只有有人战斗机的40%，随着小型弹药的出现，将来攻击型无人机的尺寸会更小，所以攻击型无人机的制造成本低。

在平时，攻击型无人机操作员的训练是在与实战相同的操作仿真环境中进行的，攻击型无人机无须实际上天飞行。在和平时期，可利用地面训练设备训练、培训后勤维护和保障人员。攻击型无人机的结构设计准则与有人战斗机不同。攻击型无人机的设计寿命以战时的实际飞行时间为参考，假设在10年的寿命期中，发生两次战争，那么需要500～1 000飞行小时。在结构设计时，攻击型无人机的安全系数取1.2，有人战斗机的则取1.5。攻击型无人机在平时不飞时，根据一些巡航导弹和潜射导弹的贮存经验，可以为攻击型无人机设计一个具有湿度控制功能和必要设备的贮藏箱，以便长期保存，不需额外养护，这就进一步节省了使用保障费用。

攻击型无人机相比于有人战斗机，具有较强的效费比优势，即具有较低的全寿命周期费用和较强的效能优势潜力，主要体现在以下几个方面。

一是可靠性。攻击型无人机的可靠性指产品在规定的条件下和规定的时间内，完成规定功能的能力。按照完成功能的能力及经济性考虑，可分为基本可靠性和任务可靠性。基本可靠性是指攻击型无人机在规定的条件下无故障的持续时间和概率，反映了攻击型无人机对维修人力和保障的要求。任务可靠性指无人机安全有效完成任务，并安全返航的概率。

据报道 *Interated Deta Link for UTA Applications*：*Design Considerations and Development Results*，攻击型无人机的储藏期为10年，在这10年中，假设发生了两次战争，其余都是和平时期。攻击

型无人机的使用保障特点是在和平时期除少数时间用于飞行以检验攻击型无人机性能或参加有关演习外，其余时间均处于储藏状态。

攻击型无人机在战时的实际使用时间，根据以往的战争经验可假定为500～1 000飞行小时。攻击型无人机的使用保障要求是平时长期储藏，战时能快速部署。这项基本要求除了对攻击型无人机的设计提出了相应的要求外，同时也对在和平时期的基本可靠性提出了要求。在战争时期，由于攻击型无人机使用频繁，可假设在战时的基本可靠性要求与有人战斗机相同。因此，攻击型无人机基本可靠性的确定要考虑战时或平时状态，取其中的较大者为基本可靠性指标。在实际确定攻击型无人机基本可靠性指标时，要综合考虑全寿命周期费用方面的因素，因为过高的指标会大大增加攻击型无人机的全寿命周期费用。攻击型无人机应该可靠性高、可维修性好，以保持一定的可用性和生存力要求。

二是维修性。攻击型无人机的维修性指产品在规定的条件下和规定的时间内，按规定的程序和方法进行维修时保持和恢复其状态的能力。维修性包含测试性，在维修中常常需要检测即隔离故障进行测试，并以此作为维修中的重要活动。

攻击型无人机的维修同样包含平时和战时两个状态。在平时的演习飞行和检验飞行中，要求无人战斗机的维修仅仅限于更换电池和轮胎等小的维修活动。在储藏期间，维修人员通过攻击型无人机的中央检测系统随时监控其状态，并通过相应的接口完成攻击型无人机内系统的换代升级，不需逐一打开储藏箱完成相应的操作。通过这种方式使攻击型无人机随时处于战备完好状态，以达到能快速部署的要求。

攻击型无人机的维修计划在和平时期可参考商业模式的攻击型无人机维修计划，以减少维修费用。其主要方式有：预测、自动监测、BIT检测、简练后勤、及时补充、系统余度，为减少相关费用，可以考虑采用商业租借形式。目标是通过视情维修的方式达到预防性检修和有限的人力资源要求，尽量减少中修和大修要求。

三是保障性。保障性是武器系统的一种设计特性，是计划的保障资源能满足平时战备及战时使用要求的能力。保障资源参数包括：人员数量与技术等级、保障设备和工具的类型与数量、训练器材的类型与主要技术指标、备件的种类与数量、订货和装运时间、补给时间和补给率、模拟与训练器材的类型和技术指标等。

攻击型无人机除每年有短时（具体时间不能确定，由资料推算，一般为数小时）验证飞行外，基本上处于储藏状态。平时的接触和小维修应尽量减少，以减少人力资源需求，但需要一些设备用于监控攻击型无人机的状态。在贮存状态的拆卸、组装和检查应考虑可快速部署性要求。因此，攻击型无人机在平时的保障性要求与有人战斗机比较起来大大减少。在战时，因攻击型无人机使用频繁，可假设攻击型无人机的使用保障要求与有人战斗机相同。

攻击型无人机的保障性具有新的特点，即要求能满足长期储藏、快速部署的要求。保障设备尽量利用现有的以最大程度减少全寿命周期费用。在通用的保障设备上加上不同的接口或界面，以适应攻击型无人机的特点，不用开发新的保障设备，这样就可以减少使用和保障费用。攻击型无人机的设计要求在平时基本不大修，平时的备件和需求量不大。所以攻击型无人机在平时的备件和维修零件的初始供应应满足平时的使用保障要求。

对攻击型无人机操作员的要求与有人战斗机对飞行员数量的要求大致一样。攻击型无人机要求平时保证有少量的专职人员用于日常的维护保障工作，同时要训练足够的维修保障预备人员，用于保障战时需要。攻击型无人机快速部署特点的举例，如美国波音公司的 X-45 的设计要求是要一架 C-5 运输机上能同时装载 6 架 X-45 和一个任务控制站，这就要求 X-45 的整体尺寸适应 C-5 运输机或其他运载工具的装载要求，同时还要求 X-45 在 1 h 内能完成攻击型无人机从储藏状态到作战状态的安装调试。

四、攻击型无人机的应用前景

（一）攻击型无人机的应用

无人机对地攻击战斗是空中对地面（地下）目标进行攻击的作战行动。其战斗过程复杂多样，不仅涉及自身的安全飞行，而且还要考虑对武器的合理使用；不仅要对敌实施打击，而且还要躲避敌防空火力，保存自身战斗力。而鉴于现代战争所强调的零伤亡和精确打击的要求，各国都在寻找一种能够兼顾飞机的作战效率而又便宜的武器系统。以无人战斗机作为空地武器发射平台，与空地武器配合使用，对目标实施打击，成为满足这一要求的最佳选择。

在不久的将来，无人机将逐步担当航空航天控制和航空航天对地攻击任务，成为实施空中精确打击的一种手段。无人机的用途由执行侦察任务扩展到执行多种打击任务后，必将演变成一种高效费比、攻防兼备的全新武器概念，并将引起军队作战思想、作战样式和组织编制的一系列改革。

世界上主要航空大国越来越重视无人机。以美军为例：新一期美国国会报告显示，目前美国空军共拥有 7 494 架无人机，占空军飞机总数的 31%。然而仅在 2005 年，美国空军无人机的数量还只占空军飞机总数的 5%。

在足够的数量满足下，美军的无人机也开始在体系中充当重要角色。毕竟任何武器都需要在体系中发挥作用，因此对武器装备的定位很重要。对地攻击型无人机在美军的定位也先后经历了多次变化。

首先，无人机最初用于战争是美军在越南战场上为了降低有人侦察机居高不下的伤亡率而派上战场参与侦察任务。随着技术的进步和反恐战争的开始，为了把握瞬息万变的战场情况，改变了“无人机侦察发现—信息传回，指挥部指挥决策—有人机进行攻击”的作战模式，形成了“无人机侦察发现—信息传回，指挥部指挥决策—无人机进行攻击”的模式，有效地提高了作战效率。

以美军“捕食者”为例，它在历次战争中主要用来执行以下五项任务。

一是用于非实时性侦察。“捕食者”无人机具有续航时间长、隐蔽性好的优点，平时可对热点地区进行电子侦察、监视，为美国军事战略的部署和作战计划的制定提供战略情报，以达成其全球战略信息规划的目的。

二是用于实时性电子战。在实战中，可用“捕食者”无人机对某一空域、地域进行“全天时、全天候、立体化”的实时性电子对抗作战，包括侦察与情报搜集，并及时、有效地将情报传送到指挥控制中心，为指挥员制定作战方案提供可靠的电子情报支援。在科索沃战争中，“捕食者”无人机通过释放电子假信号，诱使南联盟大量的防空雷达开机，从而侦察到南联盟防空雷达阵地的位置，为美军一举摧毁南军的多个防空导弹阵地立下汗马功劳。在北约对波黑的战争中，美军使用多架“捕食者”无人机对预定地域进行电子侦察，并把侦测到的信息迅速传送到指挥控制基地，为指挥员确定打击目标提供实时情报，使巡航导弹等武器的打击精度得到进一步提升。

三是充当诱饵。2003 年的伊拉克战争，在对巴格达进行为期两周的空中打击之后，为试探伊拉克防空系统的残余火力，美国空军派出两架最早生产、超期服役的“捕食者”执行“自杀式”单程无返回式试探任务。在执行任务前，将该机传感器及武器系统全部拆除，装满更多的汽油，以延长其留空时间，在燃油耗尽时由地面操作人员引导无人机在无人居住区自行坠毁。这些诱饵“捕食者”留空时间长达36小时，期间充分吸引了伊拉克残存的防空系统火力。美军因而得到了大量关于伊军防空系统生存实力的情报，使其能对伊防空系统实施深入摧毁。

四是担当电子情报中继站。利用几架“捕食者”无人机进行情报接力传递，可起到情报中继站的作用。

五是执行攻击任务。“捕食者”无人机挂载空地导弹后，具备了精确的对地攻击能力，而且已多次取得了辉煌的对地攻击战果。至于空战，在伊拉克战争前，MQ-1“捕食者”无人机就曾挂两枚“毒刺”空空导弹在空中巡逻，准备与伊拉克的米格-25战斗机进行较量。

其次，随着近年来各种技术的快速发展和情况的逐渐变化，具备以上这种性能的无人机作战模式已经越来越难以满足日益复杂的战场环境。

第一，随着未来战场复杂度的增加，需要对地攻击型无人机拥有更强的打击能力，如MQ-9“收割者”2枚GBU-12激光制导炸弹和4枚AGM-114“海尔法”空地导弹的挂载量显然已经无法满足战场对地攻击的需求。

第二，随着雷达技术的发展，需要对地攻击型无人机拥有更强的战场生存能力，由于隐身技术在有人机上的普及应用，自然而然会对无人机同样提出隐身性能的要求。

第三，随着通信技术的发展，需要对地攻击型无人机拥有更高标准的智能，2011年11月伊朗诱捕了美军RQ-170“哨兵”无人机，说明无人机的智能程度还很有限，不足以应对同等体量国家之间的军事斗争。

因为有着以上战场环境的新变化，在第二阶段对地攻击型无人机的发展中，各国都把对地无人攻击机的研发标准大幅提高，例如：近期目标，辅助有人机实施战场打击，出动于高危分散的战场实施定点清除，诸如对恐怖分子首脑的“斩首行动”。中期目标，构成打击战场重要目标的第一波攻击力量，大量消耗敌方防空火力储备，暴露敌方防空火力部署，为后续打击通道的打开形成有利条件。形成无人机和有人机之间相互协调、有人机指挥无人机侦察攻击的有/无人协同战斗体系。远期目标，由无人预警机、无人战斗机、对地攻击无人机等构成无人战斗系统，对敌方武装力量实施多波次大纵深的打击，破坏敌方防御体系，摧毁敌方二次反扑力量，实现从侦察到打击、从打击到摧毁的全面无人化。届时无人机在系统内的侦察和打击方面的定位将得到进一步加强，对地攻击型无人机的定位也将从现在的对单一目标定点打击平台转化为面向复杂战场的多功能侦察打击平台。

（二）对地攻击型无人机效能评估

在现代战争中，运用攻击机对地面目标进行空中打击，不仅可以消灭敌人的有生力量获得战场制空权，而且能够随时调整载油量和载弹量，可对远距、中距及近距的目标实施机动灵活的攻击，因此攻击机已成为军事家实现各自战略目标的重要支柱。现代战争的目的已从占领敌方领土向削弱其军事、经济实力或以惩罚为目的的方向转移。可见，从空中攻击地面目标将是战争的主要形式，研究攻击机的对地攻击显得尤为重要。

进入21世纪，随着无人作战飞机的出现，无人机一改在战场上仅仅充当辅助角色的状况，除了进行空中侦察、战场监视、通信中继和战斗毁伤评估等作战支援任务外，还能执行压制敌方防空系统（SEAD）、对地攻击，甚至对空作战等主要作战任务。无人作战飞机（UCAV）不仅能在未来战场上与有人战斗机并肩作战，甚至能在某些情况下替代有人机，成为未来空中作战的主力武器装备之一。在可预见的未来，无人机必将在执行对地攻击的任务中扮演越来越重要的角色。

任何一种武器系统都存在对其作战效能的评估问题，武器装备作战效能的评估，是现代军事和作战问题研究的重要组成部分。无人战斗机对地攻击作战效能是指无人战斗机完成预定对地攻击作战任务的能力。随着现代航空武器装备的飞速发展，其研制和生产成本大幅提高，为了充分发挥航空武器装备的效能，提高装备的效费比，飞机（包括无人作战飞机）作战效能评估受到人们越来越多的重视。在外部设计和概念设计阶段，作战效能评估是评价无人战斗机方案优劣的重要方面，它可为军方的装备研制立项提供决策意见，提高装备研制费的使用效率，降低投资风险；在使用阶段，可通过不同的武器装备、机载设备的方案比较，用于指导无人战斗机的改装，提高其作战效能。同时，作战部队通过评估无人机作战效能，正确组织军事行动，制定作战行动方案，提高作战行动的成功率。

显然，交战双方武器装备的作战能力，对双方的军事实力有至关重要的影响。装备作战效能评估有误，就会对双方的军事实力分析失实，致使决策失误，其后果是十分严重的。因此，作战部门和指挥机构都力图准确了解和掌握敌我双方主要武器装备的作战效能。目前，新型武器装备的研制费和购置费用十分昂贵，一项研制新机计划动辄耗资上亿元；一架新型无人战斗机的价格为数百万甚至可高达数千万元，而且新机研制周期也相当长。因而在决定研制某种新机和考虑是否装备部队时，也必须对该型机的作战效能进行准确度较高的研究和分析。否则，研制出来的无人机就有可能不满足军方的要求。这不仅会使研制费和装备购置费付之东流，而且还会贻误战机，甚至影响整个作战进程。

总而言之，通过研究无人战斗机的作战效能，可以为军方研制新机型提供定量依据，而且也为作战指导思想、战术、战法的研究提供可靠的基础，同时对改进训练方法、提高训练效果也有重要作用。因此，目前包括无人机在内的武器装备效能评估已成为军事学术界和装备发展部门的一个“炙手可热”的课题。

（三）对地攻击型无人机效费评估

随着科技水平的发展，攻击型无人机系统的性能和复杂程度不断提高，其采购和使用等费用也急剧上涨。为了解决经费不足和费用上涨的尖锐矛盾，发达国家特别是美国从 20 世纪 60 年代起就把费用作为与性能和研制进度同等重要的因素看待，提出了效能和寿命周期费用的概念，建立了效费分析的科学方法，在攻击型无人机系统的整个寿命周期内，全过程实施跟踪和控制，分阶段进行评审，并做出相应的决策，取得了显著的效果。

攻击型无人机效费分析是将系统工程原理和方法应用于攻击型无人机这一工程体系而形成攻击型无人机系统工程的重要组成部分，也是实现攻击型无人机高效费比这一综合性目标的最主要决策支持工具和关键技术。攻击型无人机效费分析在观念上实现了三方面的重大突破：第一，从重视性能到重视效能的重大突破；第二，从重视采购费到重视寿命周期费用的重大突破；第三，从仅重视效能或仅重视寿命周期费用到着眼于二者的统一，即重视效费比的重大突破。正是由于观念上的这三大突破，大大丰富了攻击型无人机系统工程的理论，使新型攻击型无人机的研制上了一个新的台阶，使现代攻击型无人机成为更臻完善的武器系统。

近年来，攻击型无人机效费分析在国内外都取得了长足的发展。国际上，2003 年 6 月，国际电工委员会（IEC）正式颁布了《寿命周期费用分析—应用指南》；美国国防部关于 CAIV（Cost As An Independent Variable，费用作为独立变量）的条例趋于完善，明确规定所有采办类别（ACAT）为Ⅰ和ⅠA 类的项目都必须符合 CAIV 的原则并建立一个 CPIPT（费用—性能综合产品组）、采办项目基线应包括 CAIV 目标和关键的进度日期、ACTD 项目在其计划和执行过程中应执行基于 CAIV 的“费用—进度—性能”权衡等。

在国内，攻击型无人机的经济性越来越受到重视。2001 年出版的《攻击型无人机设计手册》第一次增设了第 22 分册《技术经济设计》，成为手册中最年轻的主持部分。同年出版的专著《现代攻击型无人机效费分析》（2007 年重印，内容更新）对攻击型无人机效费分析的理论和方法进行了系统的阐述。解放军总装备部明确规定，今后重大项目不做系统的经济性分析或经济性分析没有通过评审的不能立项。为此，空军首次增设了专门进行经济性分析的正式机构，各类航空院校普遍开设了相关课程并设立了硕士和博士学位授权点。

鉴于攻击型无人机研制、生产和使用维修保障费用全面增长的严峻情况，迫使人们不得不对攻击型无人机寿命周期费用进行研究。寿命周期费用（Life Cycle Cost，LCC）的概念最初是由美国国防部于 20 世纪 60 年代初提出的，开展寿命周期费用研究的主要目的是揭示寿命周期费用发生、发展的规律，从而采取有效的方法对其进行控制。

作为航空工业的主要产品，攻击型无人机的研制项目具有周期长、技术新、耗资大、风险大的特点。过去我国飞机研制都属政府投资，设计与生产脱节，风险由国家承担，飞机设计研究所因长期以来受军工系统传统的研发采办管理机制所限，造成了对飞机成本意识的淡漠。设计研究所的目标是设计出满足上级要求的飞机，没有将飞机成本作为设计参数进行严格控制，因此飞机的工艺性、成本以及销量等因素在飞机设计时考虑较少。

中国加入 WTO 已有 15 年之久，国内市场经济的发展不断推进，将本国经济融入世界经济成为不可阻挡的浩荡潮流。航空工业的全球化是以武器系统的单一国家模式转向国际化的开发、生产以及市场营销为基础的，而且全球化的深度和广度都在加强。我国的航空工业要参与国际竞争，就要求变革现行管理体制和机制，并且在广大工程技术人员心中树立起技术经济、成本效益的系统观念。

一架飞机设计得成功与否，应以是否达到效能—费用比最优来评判。要达到效能—费用比最优只能运用不断涌现的新技术、综合设计的思想和系统工程的设计方法。并行工程就是适合于系统工程的一种方法，这种方法强调综合设计，强调各专业技术人员的协同合作。并行工程方法在产品的研制、开发和设计过程中充分利用高度发展的计算机辅助工具和技术集成以及信息集成系统，做到信息共享、信息交流，使开发和设计人员能大量采用集成技术，及时地完成产品及其过程（如生产、维护过程等）的设计和评价，可显著地改善产品的设计质量和加快研制周期。

全寿命周期成本（LCC）克服了传统企业成本管理仅注重降低生产制造成本的局限性，将企业成本管理的视角向前延伸至研发设计阶段，拓宽了成本管理的范围。这种管理理念强调“产品成本是研发设计的结果”，统筹考虑产品的可生产性、可靠性、可维修性等要求，减少在设计后期发现错误而导致的返工，从而达到缩短产品开发周期、降低制造成本、节约使用与维护费用的目的。LCC 管理它将重点放在产品的开发设计阶段。在激烈竞争的买方市场中，企业要在市场竞争中获胜，必须坚持以市场为导向，注重产品的顾客化，将成本管理的重点放在面向市场的设计阶段。LCC 管理正是从这一角度出发，强调以顾客为中心的思想，即 LCC 的计算是从客户的角度进行的，不仅考虑了生产同时也考虑了使用者的耗费，最终得到有利于提高成本效果的最佳设计方案。

第三节 对地攻击型无人机作战模式

一、对地攻击型有人机与对地攻击型无人机作战特点的相同与不同

（一）攻击型无人机对地作战特点

无人机在现代战争中具有很多优势，攻击型无人机的出现使得无人机在战场上的应用范围得到极大扩展。攻击型无人机的主要作战特点包括以下几方面。

一是隐蔽性好，生存力强。攻击型无人机与有人驾驶飞机比起来，无论是体积、质量，还是反射面积都比后者要小得多；再加上它独特精巧的设计以及机体表面涂敷有隐形性能极好的涂料，使得它的暴露率几乎呈几何级数减小。与此同时，攻击型无人机还有一个极为突出的特点，即不受人为因素（如过载因素）的制约，因而可以最大限度地飞到适合其特点的速度、高度、航程等，也可以通过超加速升降、倒飞、急转弯飞行等方式，来增加隐蔽性和提高生存能力。

二是平台不搭载飞行员，无人员伤亡问题。无人机的飞行控制目前主要采取两种形式：第一种是采取预先编制的控制程序来自动控制飞行；第二种是由设置在地面、空中或舰船上的遥控指挥站来指挥。实际上，无人机的最大好处就是不存在人员伤亡或被俘的危险，可以执行对飞行员来说太危险的任务，而且可根据形势和战术目标价值要求扩大执行任务的范围。这也是极力推崇“零伤亡”的美英等国格外关注和重视无人机的主要原因。

三是可担负各种对地攻击任务。利用攻击型无人机隐身性强、续航时间长的特点，可以对攻击目标发起突然或者长途的奔袭。而且可以不考虑飞行员的生理极限实施战术运作（如进行各个轴线的持续机动），尤其是长时间的作战使用和在危险环境下的使用。由于人的生理原因，新型战斗机的最大过载一般不超过 10 g，而对于无人机，其过载可达 20 g，还可将驾驶舱改为武器储存舱，携带更多武器。

四是机群协同能力。目前，飞机之间的协同是飞行员通过目视或者语音完成的。而无人机的协同策略可以由地面人员完成，未来可以在先进的传感、计算和通信能力下，利用辅助决策系统实现自主协同。具有有效协同策略的无人机编队将能充分利用资源，并且能表现得更为出众。使用多个低成本、低复杂性的无人机可以完成一个复杂系统才能完成的任务。

五是起降要求低。各国无人机的起飞方式虽然多种多样，归纳起来不外乎以下几种：短距起飞、垂直起飞和由其他飞行器携挂抛射。总的来说，攻击型无人机相对有人机而言，体积小、质量轻，其滑跑距离要比有人驾驶飞机短得多，要求也不像航母起降甲板那样严格。短距起飞实际上还包括多种方式：短距滑跑起飞、滑轨式滑动起飞、助飞火箭推动起飞等；垂直起飞则包括：固定翼式垂直起飞、旋翼式垂直起飞等；当然，使用其他飞行器携挂无人机在空中抛射也是一种常见的办法。因此，攻击型无人机的起降条件比有人机要简单很多，便于大范围的部署。

攻击型无人机除以上特点外，还保留了大量侦察型无人机的功能，这些功能的保留使得攻击型无人机的应用范围进一步扩大。此外，攻击型无人机还可以实施有效的侦察情报支援，可执行不同的电子战任务。

（二）对地攻击型有人机与无人机的相同点

在对敌方地面目标执行摧毁和压制攻击任务时，无论对有人机还是无人机而言都是最危险的。这种风险主要来自以下两方面。

第一，攻击目标是深入敌方腹地的高价值目标。深入敌方腹地的危险性可想而知，陌生的作战地域环境给任务的完成带来了不确定因素；密集的防空网络对各种来袭作战飞机都具有威胁性；攻击任务完成后返航时依然要面对敌方二次打击与拦截。即使是执行对敌前沿阵地的指挥所和地面部队集结部队的攻击任务，依然要面对敌方多种防空火力威胁。

第二，支援保障有限，执行攻击任务的作战飞机需要独自面对复杂多变的战场环境。由于攻击隐蔽性和突然性的限制，攻击机群一般很难集结大量的作战飞机，并且预警机、电子战飞机、加油机、制空战斗机等支援保障性机种不能随攻击编队一同深入，战场情报的获得只能依靠天空的卫星和自身携带的电子设备，战场感知能力比执行防御任务的飞机要弱。

在缺少地面和空中各种支援的情况下，长途奔袭，突破防守严密的防空网络去袭击敌方的地面目标，以下几种能力对于执行攻击任务的作战飞机来说，就显得尤为重要了。

一是隐身能力。隐身能力可以避开敌方防空设备的侦察，使得攻击飞机悄无声息地接近攻击目标，对地进行摧毁性的打击。隐身能力不仅可以使作战飞机避开敌方的航空火力，避免接近过程中就遭受重大损失的厄运，还能突然出现在攻击目标上空进行打击，提高了完成任务的可能性。

二是机动能力。机动性包括巡航速度和大过载机动能力。高的巡航速度可以使攻击机队迅速穿越敌方防空火力圈的包围，减少暴露在对方打击半径之内的时间，这种能力在很大程度上减少了遭受敌方攻击的概率。大过载机动能力则为遭受对方攻击时的摆脱带来了可能。

当遭受敌方作战飞机拦截和导弹攻击时，大过载机动能力将为攻击机队赢得生存的希望。

三是机载侦察能力。在深入敌腹地的情况下，攻击机队的机载侦察设备将是获得战场情报的主要手段。在信息战宏观的作战背景环境下，战场情报的获得被提高到了前所未有的地位。获得完整的战场情报，攻击机队才能做出最佳决策，选择最优的方案规避敌方防空火力，接近攻击目标。

四是通信系统的完备性。在外来情报不足的情况下，机队间的情报共享和接收基地的指令是攻击机队获得情报的一种有效方法。然而执行对地攻击任务的作战飞机面对的是陌生的环境、复杂的地形以及对方多重的干扰设备，这大大增加了单一通信设备被干扰失灵的概率。因此，通信系统的完备性是攻击机队的一种重大保障。

（三）对地攻击型有人机与无人机的不同点

虽然面对同样的作战任务，但由攻击型无人机和有人对地攻击机来执行依然存在很大的不同。这种差异的存在是多方面的。

其一，作战效果选择的不同。对于有人作战飞机而言，摧毁要攻击的目标当然是首要的作战效果，但是作战飞机和飞行员的安全返航也是每一位作战指挥人员需要着重考虑的目标，因为飞行员一旦牺牲或者被俘将会对部队的持续作战能力带来很大影响，并将承担巨大的政治、外交后果。对于无人机而言，这方面的顾虑将会少很多，特别是在执行一些高价值的攻击目标的时候，甚至可以做出牺牲掉作战飞机而保证摧毁的决定。这样的决策条件可以获得最大的摧毁成功率。

其二，对智能化水平的依赖程度不同。不可否认，较高的智能化水平可以提高有人作战飞机的生存力，但是就目前情况而言，飞机的智能化水平只是飞行员智能的一种补充，而不能起到决策的作用。对无人机而言，智能化水平将是无人机作战的一项重要决策指标。由于机上没有飞行员的存在、地面指挥人员远离战场环境，规避机动性的地面火力、道路规划、对目标进行打击或者放弃等战术决策就要依靠无人机机载设备的智能化水平了。

其三，控制站和机体本身的病毒入侵威胁是无人机要面对的不同于有人机的新的威胁形式。对地面控制中心的病毒入侵以及在战场上对无人机主动的欺骗性诱导，是无人作战飞机要面对的巨大威胁。伊朗就曾利用进口的电子设备俘获过多架美国的侦察飞机。因此，病毒入侵和电子干扰对无人机生存力的影响比有人机要大得多。

二、对地攻击样式分类

依据不同的着眼点，空对地的攻击划分可以采用以时间敏感性不同为标准的时效性分类法、以作战任务为标准的任务分类法和攻击方式分类法。三种不同的分类方式如图 1-1 所示。

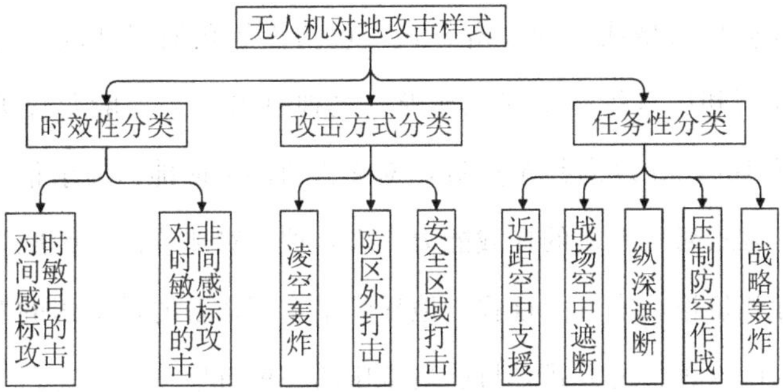

图 1-1 无人机对地攻击样式分类

（一）时效性分类

根据被打击目标出现时间敏感性不同，可以把对地攻击任务分为对时间敏感目标的攻击和对非时间敏感目标的攻击。

对时间敏感目标的攻击是指对战场上偶尔出现随后就会消失的机动性目标的打击，如重要人物的车队、导弹机动发射车、装甲部队的集结地等。由于这类目标在出现后的很短时间内就可能消失在可观察的视线内，并且再次出现并被发现的概率很低，因此对这类目标的打击对时间的要求比较敏感。即对这类目标的打击要求作战飞机具有快速反应并且全天候作战的能力。

对非时间敏感目标的攻击通常是指对地面固定目标的打击，如敌方雷达站、固定导弹发射基地、指挥所、固定交通枢纽设施、政府办公机构、发电站等。这类目标的移动是很困难的，发现之后可以用较长时间筹划方案、组织攻击行动，对时间的敏感性要求不强。攻击时需要着重考虑的是对防空保护火力的突破。

（二）攻击方式分类

该分类方法是根据攻击型无人机投放攻击性武器距离攻击目标的远近来划分的，包括凌空轰炸、防区外打击和安全区域打击三种方式。

凌空轰炸是指无人机突破敌方远、中层防空防御体系，接近攻击目标，投放攻击型武器的攻击方式，包括投放普通对地攻击弹药、精确制导弹药和中近程空地巡航导弹。这种打击方式一般要接近到攻击目标区域 100 km 以内甚至更近，对无人机的突防能力要求很高。由于这种攻击方式对无人机的挂载能力要求合理，对地攻击炸弹威力巨大且比巡航导弹价格低廉。中近程空地导弹是空军装备的最常用的对地攻击导弹，因此这种打击方式是目前最常用的一种对地攻击方式。

防区外打击是指无人机在攻击目标对空防御火力外的相对较安全区域投放空对地远程巡航导弹，对目标进行打击的攻击方式。这种打击方式一般只需要攻击型无人机接近攻击目标 200 km 的防空距离即可投放攻击型弹药，对无人机的突防能力要求较低，但是这种攻击方式要依赖远程空地巡航导弹，对武器的性能要求较高。随着技术的进步，攻击距离达到 200 km 的空地巡航导弹已经出现，有些已经装备部队，可以满足战场使用化的要求。因此，这种攻击方式越来越受到重视，并将在战场上越来越多地被采用。

安全区域打击是指攻击型无人机在战场区域外投放空地攻击武器对地面目标进行打击的攻击方式。这种攻击方式一般要求远离攻击目标 500 km 以上，无人机处于安全的区域内。虽然这种攻击方式使得无人机处于安全的区域内，对无人机的航程和突防能力要求都不高，但是它对无人机的挂载能力和空地巡航导弹的射程提出很高的要求。目前，射程达到 500 km 的空地巡航导弹还很少应用到空军部队，即便随着科技的进步，要将这种巡航导弹巨大的弹体挂载在无人机上也是一项很大的挑战。对于机腹挂弹的隐身性无人机来说，这种方式几乎不可能实现。即使牺牲掉无人机的隐身性能，采用外挂的方式，导弹巨大的质量对无人机最大起飞质量也是一种考验。因此，这种攻击方式在现有条件下，还不太可能应用于无人机上。

（三）任务性分类

该分类方法是依据作战飞机执行不同的作战任务来划分的一种方法，包括近距空中支援、战场空中遮断、纵深遮断、压制防空作战、战略轰炸等作战任务。

近距空中支援——消灭、压制接近己方部队的敌目标、兵力，直接支援己方地面、海面部队作战。

战场空中遮断——切断敌方的供应、补充和增援，孤立战场，使敌地面、海面部队无法有效地进行作战。

纵深遮断——在直接交战地区以外采取的一种迟滞和消灭敌人、打乱敌人部署或破坏敌人设施的进攻作战方法。

压制防空作战——主要利用隐形轰炸机和反辐射武器对敌地面防空体系中的雷达及高炮阵地进行压制打击。

战略轰炸——摧毁、破坏敌后方的重要政治、军事、经济目标，削弱其军事实力和战争潜力。

三、无人机对地攻击过程

（一）对地攻击型无人机的作战环境

对地攻击型无人机主要对敌重要军事目标实施侦察、监视、打击。其可以携带雷达、通信干扰机对敌雷达、通信和数据传输设备实施干扰。但是现代战场空域中电磁环境复杂，加之天气多变，各战区的地形地貌不同，构成了无人机作战的复杂环境。另外，地面防空武器配备从各型的防空高炮到地空导弹加上敌防空歼击机，使无人机的作战进入了一个敌对环境的立体空间。

（二）无人机对地攻击的一般过程

应用攻击型无人机对地面目标进行攻击的一般组织和打击过程如下。

一是选定和研究攻击目标。根据总体战略任务的需要以及我方自身攻击能力选择需要打击的目标；研究目标的防御体系以及易损特性。

二是确定兵力使用。根据敌我双方的实力对比，确定攻击机、攻击武器和诸如电子干扰、电子支援等其他战场支援的使用。

三是正确设计突防战术。在对敌方防御体系最大获悉的基础上，考虑我方参战兵力自身生存力和攻击效能，制定突防战术，选择最优的突防路线，并对无人机的航迹进行数据装订，使得无人机按照预定航迹飞向目标区域。

四是恰当运用攻击目标战术。进入可攻击区域后，结合目标防御、易损特性以及攻击机自身性能和敌我态势，灵活运用恰当的攻击战术对目标实施打击。

五是攻击效果评估。对地面目标的摧毁效果进行评估，并判断是否发起二次攻击。

六是完成攻击任务并返航。

（三）无人机对时效性目标的攻击方式

由于时效性目标在战场上出现的偶然性、短暂性和一次性，对这类目标的打击一般由具备战场侦察能力的无人机来完成，也就是发现即消灭的攻击模式。无人机对时效性目标的打击方式如图 1-2 所示。

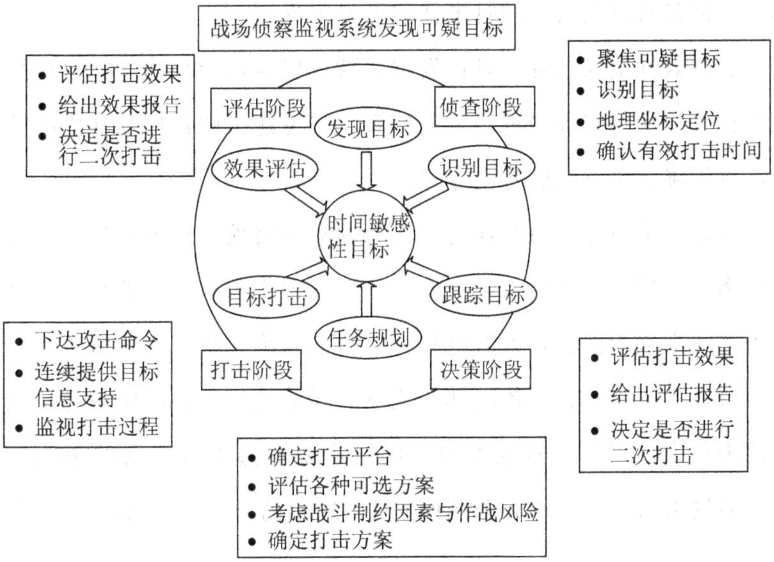

图 1-2 无人机对时效性目标的打击方式

对时效性目标的打击可分为以下四个阶段。

一是侦察阶段。这一阶段分为发现目标、识别目标和跟踪目标三个阶段。发现战场上的机动目标之后，首先要做的是对目标的聚焦、识别以及地理、机动数据的收集，并且实时跟踪目标并锁定。

二是决策阶段。地面指挥人员和机载的智能化决策设备评估被打击目标的价值、打击的可行性、打击的武器选择、打击的战术和时机以及打击的风险评估。

三是打击阶段。在攻击平台和武器、战术规划和打击时机确定之后，攻击型无人机进行攻击占位，并由地面控制人员或者机载智能决策系统下达攻击命令，对地面目标进行打击。

四是评估阶段。攻击型武器投放之后，无人机要对攻击效果进行评估，根据攻击效果确定是否进行二次攻击。

（四）无人机对非时效性目标的打击

对非时效性地面目标的攻击对攻击时间的要求虽然没有时效性目标强，但是对这类目标的打击往往更加困难。

非时效性地面目标一旦被发现，就可以应用卫星、雷达、侦察型无人机等一切侦察设备进行反复侦察，尽可能了解目标及其周围的信息，以便确立最有效的打击方式。

但是这类目标一般都在远离战场的敌方腹地，打击过程需要奔袭的距离远，战场环境陌生，突发事件事先很难预料。这类目标还具有多重的防空火力保护，如防空导弹、防空高炮、拦截战斗机等。并且这类目标一般掩藏在山体内部、地下碉堡等抗打击的掩体内部，抗打击能力很强，因此，对这类目标的打击要经过十分严密的组织和部署。对这类目标的打击一般按照图 1-3 所示的形式进行组织。

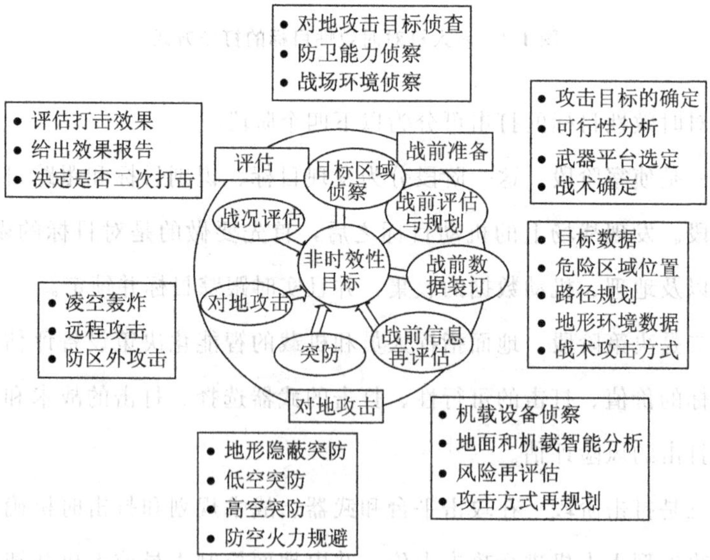

图 1-3　对非时效性地面目标攻击的形式组织

战前准备包括：目标区域侦察、战前评估与规划、战前数据装订。目标区域侦察内容包括对攻击目标位置的侦察、目标的抗打击能力、目标周围防空武器的部署和性能、目标周围的地形环境等。战前评估与规划是地面指挥人员对前期侦察到的各项情报进行分析，以确定攻击的目标并对攻击的可行性做出分析。攻击目标选定后，根据目标的抗打击能力和防空火力的部署情况，确定攻击平台以及攻击平台搭载的武器。然后根据目标防护能力和己方武器平台的性能制定合适的突防和攻击战术，并对攻击行动进行风险评估。战前数据装订包括对攻击型无人机装订目标位置和相关数据、目标防空火力的部署信息、地形和天气数据、突防路线、战术攻击方式。

对地攻击包括战场信息再评估、突防、对地攻击。战场信息再评估是依据无人机的机载侦察设备对战场环境再侦察，了解战场环境的变化，并针对这些变化优化突防路线和攻击战术。突防是突破目标周围的防空火力保护网，接近目标进行打击。突防的主要方式有利用高山、峡谷等地形的遮挡突防、高空突防和低空突防三种方式。对地攻击是整个任务的核心，是对攻击目标的直接打击。根据战前指定的攻击策略，利用攻击型无人机挂载的武器装备摧毁目标。对地攻击的方式有凌空轰炸、远程攻击和防区攻击等几种方式，这些方式通常可以单独或者混合使用。

攻击效果评估是对目标的摧毁情况进行判断，以确定无人机是发起二次攻击还是直接返航。

（五）攻击型无人机对非时效性目标攻击的特点

空地战斗集中表现为空中突防、对目标实施攻击与防空体系之间的对抗，通常实施空中突击的一方处于主导地位。这种战斗可在敌前沿至深远后方的范围内进行。它具有不同于其他战斗的许多特点。

一是战斗是预先准备的主动进攻。对非时效性目标的打击是实施突击的一方采取进攻的形式主动发起的，因而就有条件在战斗实施之前进行充分准备，必要时还可以组织临战训练或计算机仿真，对战斗方案进行检验。

二是战斗对抗激烈。由于对非时效性目标的打击能够使被打击一方招致严重损伤，并对战争进程和结局产生重大影响，因此对非时效性目标的打击通常会遭到激烈对抗。空中攻击与反攻击的对抗可能从距突击目标很远的距离上开始，并往往贯穿于战斗的全过程，因而现代空地战斗中的激烈对抗具有全面性和全程性。

三是战斗需进行准确严密的组织。一次对非时效性目标的打击行动通常要经过长时间的侦察、研究攻击战术和风险评估等大量的战前工作，需要经过反复地讨论和精心地组织才能够实施。虽然经过大量的战前准备工作，但战术行动一旦实施，也依然面临着巨大的风险，且有可能遭受对方疯狂的报复，因此战前风险评估也是要考虑的重要步骤。

四是自然环境复杂多变。由于攻击机在攻击过程中需要利用地形、气象等自然条件，因此复杂多变的自然条件会影响攻击过程。在对非时效性目标的打击过程的研究中也应考虑自然环境的影响。

四、对地攻击武器的发展与应用

对地攻击武器经历了三个大的发展阶段：海湾战争之前、海湾战争之后、科索沃战争之后。这三个发展阶段从一个侧面体现了美国军队新军事变革的大体脉络。

海湾战争之前，由于美国陆、海、空三军相互分离，空军强调空中制胜，陆军要拉着空军搞“空地一体战”，结果是空军发展自己的制空装备，而近距空中支援许多是由海军陆战队飞机和陆军自己的直升机完成的。海军不关心陆战，主要侧重于远洋海空作战，所以没有装备任何型号的激光制导炸弹，也没有空地导弹，所有的舰载战斗机都不能执行对地攻击任务。

海湾战争之后，经过三四年新军事变革的大讨论，陆、海、空三军走向联合，于是出现了三个新趋势：一是对“三位一体”战略核打击能力进行大幅度削减，同时抽调部分装备用来进行常规作战，目前B-52G、B-1B和B-2A等战略轰炸机以及AGM-86C和战斧巡航导弹都经过改装，以适应常规作战需要；二是武器携载平台数量比海湾战争时期削减了40%～60%，取消了大量武器种类，陆军装备开始强调轻型快速为主；三是对地作战能力得到空前重视，无论哪个军种和兵种，一律把对地攻击作为重中之重。取消了现役作战飞机中单一用途战斗机和攻击机，保留下来的作战飞机必须全部改装对地攻击导弹或制导炸弹，所有飞机必须具备抗干扰能力、超低空突防能力、全天候作战能力。各军、兵种精确制导武器的发展不能各行其是，必须统一型号、统一标准、统一制式。绝大多数常规弹药都开始改装激光制导和卫星制导装置，从而使精确制导武器的拥有量剧增。

科索沃战争之后，随着C4ISR系统的不断完善，发射后不管、无人武器、智能武器等武器自主能力的提高，使打击更加精确，弹药消耗大量减少，作战效能呈指数增长。信息与火力进行必要的融合之后，把面杀伤与点摧毁结合起来，从而使火力更加威猛，作战效能大幅度提高。从科索沃战争开始，精确制导武器的使用比例开始增加到35%以上，战争爆发第一周达到90%以上。伊拉克战争中开始阶段精确制导武器的使用量达到100%，以后逐渐下降，总平均使用比例约70%。

海军参与对地攻击作战。从科索沃战争开始，美国海军在对地攻击作战中的作用明显增强，在阿富汗战争和伊拉克战争中表现得更加充分，这主要体现在3个方面。

一是海军舰载机在战争中发挥的作用越来越大。在伊拉克战争中，以美军为首的联军共部署了6个航母战斗群，航母舰载机400架左右。其中地中海部署了罗斯福号和杜鲁门号两个航母战斗群，舰载机150架；波斯湾部署有小鹰号、星座号、林肯号和皇家方舟号共4个航母战斗群，航母舰载机200多架。联军飞机平均每天出动1 000架次左右，其中约有1/3为航母舰载机，最频繁的时候，一艘航母一个晚上就可以弹射80～100架次飞机。由于海军舰载机不像空军飞机那样担负繁重的战区警戒、加油、侦察、运输和对地近距支援等任务，所以相对而言对地攻击能力可能比空军还要强大。联军飞机出动架次的2/3都用于对地火力支援，战事激烈时更是达到80%，航母舰载机中大量的战术飞机参与最多的也是对地火力支援，对伊拉克北部战场的火力支援大多数由地中海两艘航母的舰载机完成。在阿富汗战争中，美军为在阿富汗周边开辟空军基地费尽周折，最后不得不以航空母舰为主要基地，利用航母舰载机完成主要制空、对地攻击、投送特种部队和两栖攻击等作战任务。在伊拉克战争中，土耳其、沙特等国家拒绝提供空军基地或空中走廊的做法再次引起美国的高度关注，战后将加大海上浮动基地的建设，可能将恢复执行10年前的浮动海上平台的方案。这种浮动海上平台由多个大型浮箱拼接而成，排水量50万t，可作为大型飞机的起降平台，也可作为海上后勤、装备保障的浮动基地。

二是舰载巡航导弹对地攻击。舰载巡航导弹主要是由核潜艇、巡洋舰和驱逐舰携载，伊拉克战争中6个航母战斗群共携载巡航导弹2 000枚左右，实际发射750枚。从上述4次战争来看，巡航导弹的使用数量越来越大，伊拉克战争一次使用数量比过去12年来所有战争和军事行动使用数量的总和还要多。主要原因是巡航导弹的造价降低，效费比提高。单枚售价由海湾战争时期的130万美元减少到50

万美元左右，但作战效能却比 12 年前提高了一倍以上，无论是任务规划时间、命中精度、制导方式、导弹射程还是摧毁威力，都有显著提高。如果巡航导弹的价格继续大幅度降低，在未来战争中，为减少飞行员伤亡，作战使用的有人驾驶对地攻击飞机可能将大幅度削减，在高威胁区对地攻击的任务有可能将逐渐由巡航导弹担负。值得注意的是，英军从科索沃战争开始，也在战争中使用巡航导弹。在伊拉克战争中，战区共有 17 艘核潜艇，其中英军 2 艘，都发射了“战斧”巡航导弹。同时，战争中英军首次使用了“风暴阴影”空地导弹，这是一种机载防区外发射的对地攻击导弹，制导系统为 GPS、地形匹配和惯性导航，末端制导的目标识别为红外成像，射程在 200 km 以上。战后，英军模仿 B-52 导弹载机的改装模式，把这种导弹大量装备攻击机或民用运输机。

三是空中对地支援和两栖登陆。空中对地支援是伊拉克战争中美国海军任务的一个新拓展，在历史上是很少见的。海军舰载机的传统任务是夺取海上制空权，并对海上目标进行攻击。

在伊拉克战争中，我们经常看到美国海军舰载机不断出现在地面激战的战场上空，如纳西里耶、卡尔巴拉和巴格达，这说明美军的联合作战已经发展到相当深的层次，海军居然能够为地面部队提供空中支援，甚至是应召空中打击作战，而且作战半径已经发展到 1 000～1 500 km。超地平线登陆作战是美军陆、海、空一体化垂直与平面相结合快速登陆的作战模式，伊拉克战争中在法奥半岛方向进行了这种尝试。

对地攻击武器的运用。在海湾战争中，在对地攻击武器中，精确制导武器的使用率仅占 8%，90%以上的空袭弹药还都是常规无制导弹药。在精确制导弹药中，也基本上都是激光制导或电视制导方式。由于受气候等因素的制约，这些弹药命中率小于 50%。1995 年波黑战争中，制导弹药所占比例不到 60%，但命中率提高到 75%。在科索沃战争中，美军首次试用了联合直接攻击弹药（JDAM）、联合防区外武器（JSOW）；阿富汗战争中首次试用风力修正弹药布撒器（WCMD）；伊拉克战争中首次试用微波脉冲炸弹，还将炸弹之母巨型炸弹（MOAB）运往战区。与海湾战争相比，这些新型弹药体现了效费比好、杀伤威力大、全天候作战、打击精度高等特点。

对地攻击武器主要分两种类型：完全自主式和人工干预式。

完全自主式武器实际上是一种机器人武器，基本功能是发射后不管，一经发射，就会按照预先设定的攻击路线自动巡航、爬升、俯冲，并对目标进行精确打击。这种导弹能够远离攻击目标，在敌人火力范围之外发射，发射之后载机返航，武器自动搜寻目标。这些武器射程远、精度高、自主性强，可完全智能化攻击，适合从较远距离对高威胁区域内的高价值目标进行突袭。

人工干预式武器本身具有一定的智能化、无人化功能，但仍需人工干预。人工干预式武器是人在回路中对武器进行控制，通过数据链相互传递信息，以提高命中精度。其主要特点是：飞机可在敌人防空区之外发射武器，武器射程从几十千米到 150 km 不等；制导方式多样，主要采用 GPS 卫星制导，但可辅助用电视、红外制导，数据链传递信息，以增加人工干预能力，提高命中精度；在云层之上发射并制导，在云层之下可自动导向目标。战争中主要使用了斯拉姆 ER、风暴阴影、RQ-1B 捕食者无人侦察攻击机。

在人工干预式武器中，还有一种特殊的武器，即灵巧炸弹。这类武器是利用普通航弹加装激光或卫星制导系统及弹翼稳定系统的新型炸弹。其主要特征是：相对导弹而言价格低廉，只有空地导弹价格的 1/5、巡航导弹价格的 1/10；破坏效能巨大；命中精度很高，可采用激光、GPS 等多种制导方式，命中概率高达 70%～90%，圆概率误差可达 1 m 至几米。科索沃战争中使用的精确制导炸弹主要是铺路系列炸弹、钻地炸弹、联合远程攻击武器等。阿富汗战争和伊拉克战争中使用了大量风力修正弹药布撒器（WCMD），它是能将弹药在下落过程中所受风力影响尽量减低的一种新型装置，这种装置主要装在集束炸弹上。伊拉克战争爆发前，美空军订购了 3 万套，其中 17 200 套装在 CBU-87、CBU-89、CBU-97 型集束炸弹上。

伊拉克战争中使用了各种高效能战斗部（破甲、动能穿甲、自锻成形、定向爆炸、高能侵彻、制导/非制导或传感器引爆小炸弹等），如 GBU-28、GBU-37 激光制导炸弹和 GBU-32 联合直接攻击弹药的战斗部分别为 BLU-113 和 BLU-110B 型，均属高密金属侵彻型，其中，BLU-113 对加固的混凝土结构的穿透厚度达 13 m，对付一般的地表土层，用 306 kg 的 TNT 炸药穿透厚度可达 30 m。为提高弹药的命中精度和摧毁效能，美军不断提高引信的智能化程度。在海湾战争中，空袭炸弹大多使用的引信是机械碰撞式和联合可编程式等。十多年以来，为提高炸弹对加固硬目标的侵彻力，美军一直在研究一种新型的硬目标灵巧引信，这种引信以灵敏过载传感器为核心部件，能够精确测量出侵彻弹头穿过的地下板层及穿透距离，根据预编好的最佳引爆点来引爆穿透弹头，使弹头侵彻到最佳深度时在 1～250 ms 延时后引爆以达到最大的毁伤效果，它特别适合轰炸由加固的钢筋混凝土筑成的地下掩体和指挥中心。在伊拉克战争中，美军针对萨达姆进行了两次斩首行动，空袭中使用的 GBU-37 激光制导炸弹就装有这种引信。

五、空对地攻击体系的构成

执行空对地攻击，必须构成空对地攻击体系，这一体系主要由以下三大部分组成（图 1-4）。

一是 C4I（指挥、控制、通信、计算机和情报）系统。多种型号

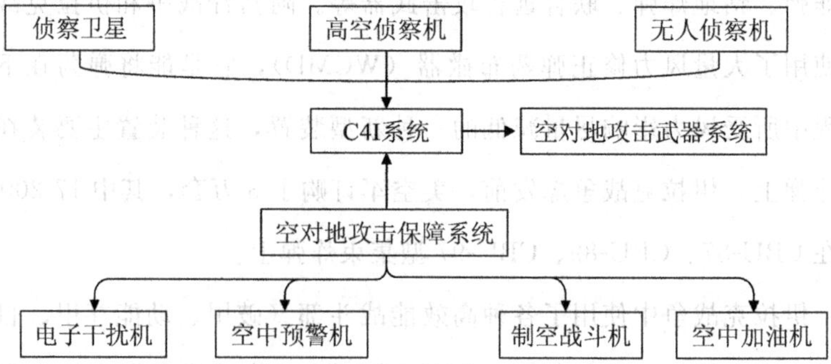

图 1-4　空对地攻击体系

飞机、多种武器参战，协调信息、统一指挥是首要问题。地面的情报主要来自战略、战役和战术侦察卫星和高空侦察机以及高空、中空无人侦察机。同时，联合监视目标雷达系统和空中预警系统监视、识别和跟踪地面目标、地面威胁和空中威胁，并通过战术数据链传递目标信息，指挥引导己方飞机实施攻击。

二是空对地攻击保障系统。支援电子干扰设备，包括有人、无人电子干扰飞机和空中预警机等。按电子战新定义，隐身技术是电子战领域的一个重要分支。制空战斗机为空对地攻击机进行护航。空中加油机为远距离空对地攻击机途中加油。

三是空对地攻击武器系统。空对地攻击武器系统如图 1-5 所示。

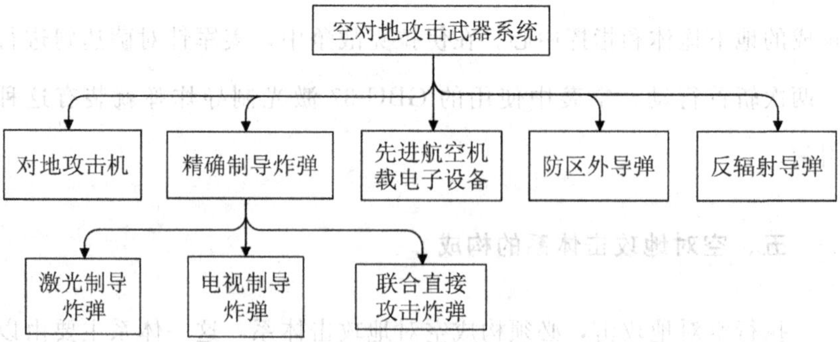

图 1-5　空对地攻击武器系统

轰炸机、攻击机等空对地攻击机具有以下特点：能以低空出航、低空进入、低空退出、低空返航，载弹量大，能发射空地、空舰导弹，能从我方二线机场起飞，攻击对方二线或更远目标。投弹后还能应付空战，攻防兼备，比如在海湾战争中发挥了极佳作战效能的F-15E战机。同时，对地攻击型战斗机还必须具备优异的突防能力、实施攻击过程中的战场生存能力、返航生存能力、空对地杀伤能力、超低空飞行能力、夜战能力、隐身性能等。其中杀伤能力与武器命中率密切相关，而带有引导系统的高精度空地制导武器能有效增大防区外发射距离，减少为摧毁目标所需的飞机出动架次，这样就可以最大程度减少对机组人员和设备的损伤，也就降低了附带损伤和意外伤害。因此空对地攻击中广泛采用精确制导武器，能有效提高攻击目标的准确性和战机的作战效能。航空机载电子设备则用于空对地精确探测、武器制导、信息传递、战场态势及目标显示、地形跟随及地形回避和威胁回避、武器投放的精确计算。

第四节　2009～2047年美国无人机发展规划

根据美国公布的无人机中期发展规划，在相当长的时期内，军用无人机将是美军大力发展的重点，并将作为美军在新时期全球霸主地位的战略支撑。报告全文摘要如下。

一、引言

（一）目的

这项飞行计划是一个实现空军对未来无人机系统设想的可行计划。空军将落实计划所列的行动以发展无人机系统能力。鉴于新兴技术的动态特性，这项计划是一个活动的文件，随着标准的取得和新兴技术的验证，可以对文件进行升级。详细来说，这项计划采用了DOTMLPF-P形式，2009～2047年提出了一系列创意。其内容在早期空军无人系统的经验和当前以及新兴的无人技术方面的进步之间实现了较好的平衡。这项新创立的计划把空军所有组织都集中到了共同的设想中。通过共同努力，这一里程碑式的规划将更显示出其独特性。这个设想就是一项对空军新的定位，即通过增强不断增加的自动化、模块化、可持续的无人机系统，打造一支更加精干、更具适应性、可定制的部队，从而实现21世纪空中力量效能的最大化。

（二）假设

10项指导飞行计划发展的关键设想：

（1）有人与无人系统的综合提高了在所有程度军事行动中联合作战的能力。

（2）无人机系统在人员生理限制难以执行的任务中显得很突出（例如持续和反应时间，重污染的战场环境）。

（3）具有清晰、有效的人机接口的自动化是增加效能的关键，同时也有减少成本、提高效率和减少风险的潜力。

（4）空军要的结果是具有多种能力的“系统”性的产品（载荷、网络和处理分析情报）和更少的特殊平台。

（5）适应性、可持续性和减少成本需要具有标准接口的模块化系统。

（6）灵活、充足、可交互操作的指挥和控制（C2）产生了无人机系统监控能力（有人回路）。

（7）必须对DOTMLPF-P方案实施同步。

（8）产业界可以及时为系统发展提供所需技术。

（9）2047年战斗行动的程度、范围和致命性需要一种无人超级系统（System of Systems）来减少任务和部队的风险，提供“感知—行动”执行线路。

（10）在空军预算限制内飞行计划所规划的标准是可实现的。

（三）设想

对空军来说，这项飞行计划的设想：

（1）什么情况下无人机系统可以替代传统有人系统任务。

（2）利用不断增加的自动化、模块化和可持续性的系统来保持使用无人机系统的能力，并且通过无人机系统全套性能，打造更加精干、更加具有适应性、可定制的、可伸缩的部队，以实现联合部队作战能力的最大化。

（3）与其他军种、盟友、学术界和工业界合作开发利用无人机系统所提供的独有的一系列特点：持续能力、接驳性、弹性、自主和效率。

（4）努力从无人机系统获得最多的东西用来增强联合作战的能力，同时促进军种间的互相依靠，并且最合理地使用经费。

二、2047 年前无人机计划的背景

（一）基本环境

近代历史无人机系统经历了爆炸性增长，是空军提供给联合部队最急需的能力之一。在一系列全球军事行动中，持续性、灵活性、高效率等特性和信息收集、攻击能力多次被证明是力量倍增器。无人机系统不仅向高级行动决策制定者提供信息，而且直接在战场或拥挤的城市环境中参与盟军行动。无人机系统可以帮助参战部队并且对事先设定的或高价值目标发起攻击。当附带伤害作为最主要考虑因素时，把附带伤害减到最小。无人机系统还具有利用远程划分行动（RSO）概念的固有能力，在联合部队指挥官划定或国防部长优选的责任区间展示价值。大多数空军无人机系统都是在不同地点间实现超视距操

控，这样一来持续战斗能力更有效率，同时也节省了前进步伐。

（二）无人机系统特性

一架无人机不受人的表现或者生理特性的限制，所以极端续航力和可操作性等固有的优点，无人机系统都可实现。在无人情况下，无人机系统潜在操作环境可以包括争夺地区和禁区，这样就不用冒人员暴露的风险。飞机的尺寸不受生命保障单元和人体尺寸的约束，最终无人空中力量可以在有能力相配的背包里实现。

未来的无人机系统需要进入能够实现交互操作、用得起、响应好、可持续的战术网络超级系统（System of Systems），其具备满足军种、联合、部门间和联盟间的战术信息交换的能力。这一战术网络系统将是分布式的、可升级的和安全的。它包括但不仅限于人员接口、软件应用和接口、网络传送、网络服务、信息服务、必要的硬件和接口（以形成完整的系统来传送战术行动结果）。战术网络系统作为独立的小型战斗子网，相互连接并接入全球信息网格（GIG）。这种结构的优点是无人机系统可以实现全球实时信息分发，无人机系统操作手可以获得全球实时信息。陆基资源和接驳性能将允许什么时候以及什么地点对这类专门技能进行访问。

基于无人机系统的分布特性，它们增加了行动中可用资产的百分比。对于初始无人机系统操作人员资格培训可以不经过发射无人机，而是完全通过模拟器来完成，这增加了无人机战斗编成和用于其他行动的比例。因此结果是，相对于有人飞行器，在支出相同或减少的情况下，无人机系统的部署与使用的效率产生了更高的效能。

无人机系统将采用无人机系统控制分段（UCS）构架，这是一种开放、标准、可伸缩并且模块功能快速附加并留有余地的构架。这种构架可以增强作战人员的能力，提供更有竞争力的选择，鼓励创新并增强成本控制。它可以显著提高交互操作和数据进入的能力，并且增加培训的效率。在保持基本构架和计算硬件共性的同时，它的灵活性使它可以适应为特殊军种操作概念（CONOPS）制定的人——机接口。国防部将允许在不同公司间展开竞争，来提供诸如可视化、数据标签和自动跟踪等新工具。

随着技术的进步，无人机系统自动化与高超音速飞行将重塑未来的战场。这种未来战场所要考虑的最重要的元素之一就是无人机系统快速压缩观测、定向、决策和行动（OODA）环路方面的潜力。未来无人机系统在有限或极少人工输入情况下，可以探测战场形势并且独立行动，这极大地减少了决策时间。这种“探测—行动”线对于无人机系统对抗不断增长的威胁至关重要。随着自主化与自动化的融合，无人机系统可以组成群（一个操作手指挥多架次多任务飞机开展行动），实现集中、不间断和规模化的攻击。

三、无人机计划的实施设想

（一）方法

无人机系统独有的特点和内在特性为确定未来无人机系统任务提供了基础，无人机系统将增强联合部队的战斗效能。这一过程的目标是为服务于联合部队作战的无人机系统确定合适的任务领域。无人机系统本身的能力和限制是对相关任务领域进行优先排序的基础。实现这些能力的必要行动需经过联合 DOTMLPF-P 方法的审查，使实现这些必要能力所需要的空军决策连贯起来。因为飞行计划中所有系统、所有潜在任务跨度超过了 40 年，解决方案是一个由随时间跨越而产生的性能里程碑的集合。有一点需要着重指出的是，这不是基于能力的评估（CBA），但是这个过程为未来基于能力的评估提供了最初步骤。

无人机系统飞行计划发展过程包括以下 5 个主要步骤。

第一步：设定无人机系统可用任务领域。

审视联合战略文件来确定无人机系统可以服务于联合部队的最佳任务领域。联合能力领域（JCA）描述了应对国防部挑战的一系列能力组合。空军的核心功能是：核威慑、空中优势、太空优势、电脑优势、特殊行动、指挥控制、全球综合情报侦察监视、全球精确打击、快速全球机动、人员搜寻、灵活战斗支援和建立伙伴关系，空军把上述功能细化为手段（能力和相关的任务领域）来支援联合部队。在这个过程中，每一项空军核心功能及其相关手段都被评估，以确定无人机系统属性对其实现最佳支持。这样一来，就产生了关于空军无人机系统当前和新兴的核心功能和手段的清单。然后无人机系统带给空军的手段映射到战斗指挥（COCOM）综合优先名单（IPLS）来确定可以被未来无人机系统技术投入增强的能力和任务领域。

第二步：应用能力评估和风险评估（CRRA）的结果，对照定义的无人机系统能力领域，来确定近期、远期在操作方面的差距和不足。

把上述无人机系统可行任务领域与能力评价和风险评估（CRRA）结果进行比对，来确定无人机系统技术从何处提供最大潜力来减少与联合部队的差距与不足，这就产生了一个无人机系统能力领域清单。

第三步：划分无人机系统可行能力领域的优先次序。

这些能力首先按照它们对于战斗司令部和空军来说是否为能力不足进行筛选，然后按照可以解决这些不足的无人机系统技术投入的可能性进行分类。对能力不足的严重程度进行加权排序（经过能力评价和风险评估 CRRA 确认），开展优先能力和无人机系统投入所需的行动任务。

第四步：发展能力组合。

对照一个会影响无人机系统功能、管理和使用的由潜在技术，或者行动，或者过程改变，或者对改变的投入等组成的清单，对无人机系统能力区域排序进行分析。这些能力以 DOTMLPF-P 的形式进行了明确并与依赖的行动相关联。一系列依赖行动集中实现了向飞行计划设想的可定义的一步，产生的这种能力组合形成了通往无人机系统飞行计划设想的关键路径。

第五步：确定当前的行动计划。

使用能力组合、近期到中期的排序、空军 DOTMLPF-P 行动路线（因为资源和预计用于实施或者影响必要改变的时间，而对其进行了评估）。与其他军种分享这些行动路线以确定合作的潜在领域。有些关键的和时间敏感的行动路线需要马上行动，这些需要马上开展的行动被作为决议简报呈给空军高级领导层。

（二）计划实施

通过平常的合作程序和时间节点，空军司令部负责情报监视与侦察 ISR（DCS/ISR）（HAT/A2）的副参谋长将提出无人机系统的问题供决策。技术发展领域将通过致力于长期挑战处理（FLTC）的空军研究实验室（AFRL）加以综合。对无人机系统行动和需要空军部长/空军参谋长决定的更新将会按季提出。空军司令部负责情报侦察和监视的副参谋长将确保在提出前得到相关副参谋长们和主战司令部的批准。

（三）角色和责任

空军一开始依靠一个跨组织（Cross-Matrixed）的空军无人机系统特战队来激活新生的无人机系统专门技能，2010 财政年度的计划目标备忘录（POM）继续为这一组织投资。后续每年重复上述无人机系统飞行计划过程方法，确保空军利用不断增加的自动化、模块化和可持续的无人机系统来打造更加精干、更加具有适应性、更加有效率的部队来最大化我们对联合部队的贡献。

（四）DOTMLPF-P 当前行动

下列 DOTMLPF-P 当前行动是经过确认的。这些创意并不是计划所必须做的全部，而是为了展示面向飞行计划设想的最初几步。在它们与现有的相关的计划发展行动进行排序后，如果资金和资源得到落实，将会得以完成。

准则（D）：2010 财政年度 4 季度前，评估无人机系统单元支持多个战斗指挥官（CCDRS）的选项。

组织（O）：2009 财政年度 4 季度前，通过全寿命管理优势试验台，为实现有效开发和采购，把航空系统中心（ASC）集中于所有组成上，包括各型小型无人机系统（SUAS）和高空飞艇（HAA）。

组织（O）：2010 财政年度前建立起 2 支小型无人机系统中队。

培训（T）：2010 财政年度 4 季度前，验证高保真模拟器，实现 100%初始资格培训（IQT）（MQ-1/9，RQ-4）。

设备（M）：2010 财政年度 3 季度前，验证无人机系统空中探测和规避（ABSSA）。

设备（M）：2010 财政年度 4 季度前，在 MQ-Q/MQ-9 地面控制站（GCS）落实改进后的多机控制（MAC）。

设备（M）：2010 财政年度 4 季度中，为机载发射的 MQ-1/9 小型无人机系统，无人机系统类似多机控制的编队和增强的全天候情况、侦察和监视（IRS），验证增强的多机控制技术和使用概念。

设备（M）：2010 财政年度 3 季度前，为 MQ-1B/C、MQ-9、RQ-4无人机系统验证一种交互操作、标准化为基础，面向服务的开放式指挥控制构架。

设备（M）：2009 财政年度 3 季度，验证高空飞艇无人机系统。

设备（M）：2010 财政年度，对 MQ 中型尺寸类型的模块能力进行概念验证。

设备（M）：2010 财政年度 4 季度前，验证 MQ-9 无人机系统自动起飞和着陆能力（ATLC）。

设备（M）：2014 财政年度前，为 MQ-1 和 MQ-9 无人机系统实施有保护的通信。

设备（M）：2010 财政年度 4 季度前，为 MQ-9 无人机系统验证无人机系统电子攻击能力。

领导（L）：尽快发展具有无人机系统经验的领导者并把他们提拔、分配到事业关键岗位。

领导（L）：2010 财政年度 1 季度前，定义无人机系统人员的职业路径、培训和来源。

政策（P）：领空融合，2009 财政年度 4 季度前，向国防部部长办公室建议广泛的国家领空融合政策。

政策（P）：为未来通过快速采购过程部署的系统提供产品支持和独立后勤评估政策指导；2010 财政年度 1 季度前，发布过渡期指南。

政策（P）：2009 财政年度 4 季度前，通过联合能力综合发展系统（JCIDS）来证明飞行计划的有效性。

政策（P）：2010 财政年度前，定义无人机系统人员空军专业代码（AFSC）职业路径、培训和来源。

（五）DOTMLPF-P 未来行动组合

随着时间的推移，小型、中型和大型系统的无人机家族将得到发展，以实现对大多数空中任务的支援。为了实现这一目标，飞行计划确定了两个通用的属性，随着技术进步将得以实现。第一，模块化。在保持大部分投入的同时，为升级、增加和替代技术提供了途径。系统可以当作一个潜力组合进行管理，根据战场需求进行快速调整，并且随着需求进化而增长和适应。第二，随着计算机速度和容量的提升，将使系统可以在无人干预的情况下自主做出决策和潜在行动。政策、法律因素、操作概念和准则将决定任务各方面对人员输入的详细需求的水平。相互依靠的DOMLPF-P步骤描述了通过这些属性的开发而获得的能力增长。

四、目前和即将实施的项目

（一）小型无人机系统（USAS）

小型无人机系统不仅提供指挥官而且提供单个军人的救生形势探测，在空战中展现了深刻的技术进步。形势感知和全动作影像是战场所急需的。空军认识到了在“伊拉克自由行动”的初始阶段小型无人机系统的独特作用和能力，在那里空军为战斗控制部队购买了“指示器”小型无人机系统。进一步说，小型无人机系统家族向支持无人机系统行动的更大人力结构提出了独特方法和挑战。小型无人机系统在支援有人和无人综合性任务时是十分高效的，超过了 MQ-1/9 和 RQ-4。

第一，战场飞机操作手瞄准微型空中飞行器。

“黄蜂”Ⅲ是手持发射、水平着陆的小型无人机系统，载有综合的前向/侧向电子光学镜头，镜头可以摇动、倾斜和变焦，如图 1-6 所示。这种模块化的有效载荷可与红外成像器互换。飞机可以手工操作或者采用基于 GPS 的自主导航的程序控制，在 3 英里（1 英里≈1.6 km）内执行昼夜低空侦察和监视任务。目前采购的数量是 221 个系统共有 442 架飞机。“黄蜂”Ⅲ是空军特种行动指挥部投资，采用不定交付不定数量合同的采购方式，以适应技术和发展的快速变化。这种合同被特种行动指挥部的所有机构用来采购小型无人机系统。

“黄蜂”III 性能如下：

高度：最高 1 000 英尺（1 英尺≈0.3 m）。

正常操作：50～150 英尺。

航程：3 英里。

续航时间：45 min。

最快速度：40 英里/h。

巡航速度：20 英里/h。

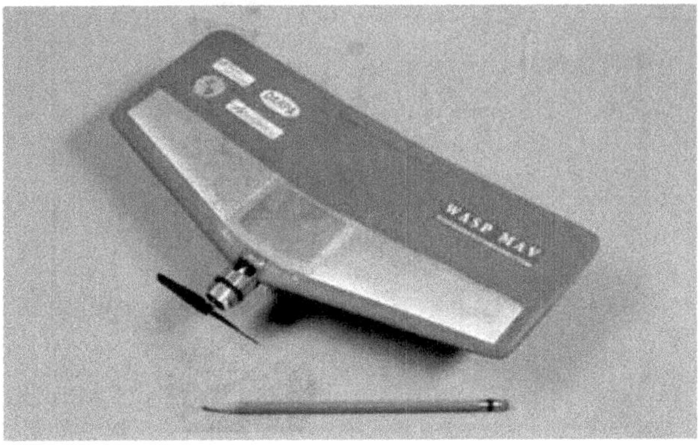

图 1-6 “黄蜂” III

第二，部队防护空中侦察系统。

“乌鸦”是一种手持发射、大失速垂直降落的小型无人机系统（第 1 类），载有一具双前向和侧视摇动/倾斜/变焦光电镜头和一个红外镜头，如图 1-7 所示。飞机可以人工控制飞行或者采用基于 GPS 自控导航的程序飞行，用于在 7～10 英里内低空执行昼夜监视和侦察任务。目前采购数量是 36 个系统、108 架飞机。

“乌鸦”的性能如下：

高度：最高 1.4 万英尺。

正常操作：150～500 英尺。

航程：7～10 英里。

续航时间：60～90 min。

最快速度：60 英里/h。

巡航速度：27 英里/h。

图 1-7 “乌鸦”无人机

“扫描鹰”是一种弹射起飞、空中拦阻索着陆/回收的小型无人机系统（第 2 类），如图 1-8 所示。飞机载有一具惯性稳定的镜头转台，包括一个光电镜头或红外镜头，用来提供最大 5 英里[①]内的持续凝视能力和小型车辆辨识。飞机可以采用半人工的方式飞行，也可以采用基于 GPS 自主导航的程序飞行，在 68 英里内低空执行实时形势探测任务和部队保护信息任务。目前采购数量是 1 套系统、6 架飞机。

“扫描鹰”性能如下：

高度：最高 1.65 万英尺。

正常操作：1 000～2 500 英尺。

航程：68 英里。

续航时间：超过 20 h。

① 英尺为非法定计量单位，1 英尺≈0.304 8 米。

最快速度：80 英里/h。

巡航速度：55 英里/h。

“乌鸦”和“扫描鹰”系统均由全球反恐战争补充基金采购。

图 1-8 “扫描鹰”无人机

（二）中型无人机系统

“掠食者”无人机系统是一种带武装、多用途、长续航力的无人机系统（第 4 类），载有一具光电/红外有效载荷、激光目标指示器、激光照射器和信号情报有效载荷，如图 1-9 所示。空军飞行员通过三种方法中的一种来驾驶它。这三种方法是：人工飞行、半自主监视飞行和预设程序飞行。带有两种数据连接选择，“掠食者”可以在距离发射和回收基地 100 英里内进行视距内飞行，也可以通过卫星数据链实现超视距飞行。任务可以由发射基地或者全球的任务控制单元通过远程划分系统进行控制。当执行情报、侦察、监视、近距空中支援、战斗和搜索营救支援、精确打击、伙伴休息、护送掩护、袭击掩护、目标动向、空中控制终端等任务时，操作手和飞机可以在攻击链中被重新赋予任务。“掠食者”主要用于执行持续性的侦察、监视和情报任务。“掠食者”的目标是拥有185架飞机，通过军用情报计划（MIP）获取经费。

“掠食者”性能如下：

极限高度：2.5万英尺。

使用高度：1万～2万英尺。

最快速度：120节。

滞空速度：80节。

续航时间：22 h。

最大有效载荷：300磅（1磅≈0.45 kg），外挂。

图1-9 MQ-1“掠食者”

“死神”是一种带武装的、多用途和长续航时间的无人机系统，如图1-10所示。它载有一具光电/红外有效载荷、激光目标指示器、激光照射器和合成孔径雷达。7个外挂点可以携带开放构架的武器和信号情报有效载荷。“死神”在保持滞空执行情报、侦察监视功能的同时，主要用于持续性的打击。2010财政年度的目标是拥有“死神”319架。这让在2011财政年度4季度前增加50个“死神”和“掠食者”联合战斗空中巡逻队以及在2016财政年度前为所有“死神”制定的一个过渡计划成为可能。

"死神"性能如下：

最大高度：5 万英尺。

使用高度：2.5 万～3 万英尺。

最大速度：240 节。

滞空速度：100 节。

续航时间：18 h。

最大有效载荷：3 000 磅，外挂。

图 1-10 MQ-9"死神"

（三）大型无人机系统

"全球鹰"可以实现视距内或超视距操作，将其数据发往空军分布式通用地面系统（DCGS）或者其他节点，包括用于开发和分发的军队战术开发系统（TES），如图 1-11 所示。在 4 批产品中，"全球鹰"部队结构包括两种基本型，即 RQ-4A 和 RQ-4B，经费来自军事情报计划项目（MIP）。

第 10 批的 7 架 RQ-4A"全球鹰"装备有光电、红外和合成孔径传感器。第 20 批的 6 架 RQ-4B 将装备战场空中通信节点。空中通信节点在16号数据链、空情数据链和综合广播系统间充当战术数据链网关，三种系统的使用者可以共享信息并形成通用战术画面。空中通信节点提供以因特网协议为基础的网络能力，所以军事网络可以在所有既安全又开放的因特网连接上进行交互和分享内容。空中通信节点提供了“跨界”的军用、民用和商用通信系统的能力。甚至空中通信节点允许步兵、没有先进通信系统的平台通过手机、现有窄带无线电、面向战场网络的空基802.11进行联络。第30批的42架将具备增强的综合传感器组合（光电、红外、合成孔径雷达和机载信号情报有效载荷）。第40批的22架RQ-4B将装备多平台雷达嵌入项目有效载荷，计划中的性能包括具备高分辨率的合成孔径成像的主动电子扫描阵列雷达、高分辨率成像、健壮的地面移动目标指示器数据。

地面站（10个用于多INT系统，3个用于第40批）包括一个发射和回收单元、任务控制单元。飞行控制人员是两名（1名负责任务控制单元，1名负责发射和回收单元）。传感器操作手1名，另外的支持包括质量控制管理1人，通信技师1人。

“全球鹰”性能如下：

最大高度：6.5万英尺（第10批），6万英尺（第20/30/40批）。

最大速度：340节（第10批），320节（第20/30/40批）。

最大续航时间：28 h。

最大有效载荷：2 000磅（第10批），3 000磅（第20/30/40批）。

（四）全球反恐战争对基本经费的补充

自从全球反恐战争开始以来，“掠食者”项目已经超过了战争空中巡逻总数的520%。大量的经费是通过全球反恐战争补充经费来支付的，用于无人机系统操作时间的花销、快速设备升级和卫星通信数据链的支出。随着“掠食者”和“死神”项目向未来全球安全过渡，它们各自经费也转入了稳定的基本计划项目。这种空军部长所要求的

图 1-11 RQ-4“全球鹰”

“补充到基本”的转变，目前正接受经费需求评估部门的评估。“掠食者”和“死神”的“补充到基本”的经费信息将在空军负责财政管理的部长的最后报告中加以公布。

“全球鹰”RO-4 目前没有“补充至基本”的经费需求。全球反恐战争经费现在正转变为海外突发行动经费。

（五）人力

空军无人机系统目标如下：

2011 财政年度：50 个 MQ-1/9 战斗巡逻队，3 个 RQ-4 战斗巡逻队，14 个大队，每组 1～3 架小型无人机系统。

2016 财政年度：50 个 MQ-9 战斗巡逻队，9 个 RQ-4 战斗巡逻队，14 个大队，每组 1～3 架小型无人机系统。

为应对战斗指挥对至关重要的全动作影像的需求，国防部长指示军队最大化地采购和部署无人机系统。空军确定了关键系统部件的最大生产速度来实现空军无人机系统目标。无人机系统特战队与负责人事的副参谋长、空中特别行动司令部、空中国民警卫队、空军后备司令部和其他主要司令部紧密联系来确定所有无人机系统终端部队，以满足上述空军无人机系统目标。如所有战斗机一样，无人机系统需要充足的具有丰富技能的人员来执行它们的任务。目前，系统和任务复杂程度增加后，需要更多的高级培训。有人平台在值日和监管水平方面的相似的人员模型也适用于无人机系统，这适用于维护、操作、情报和支持的人员。空军用这些模型来确定实现目标的人力。最大人力需求包括：操作员约 1 650 人，传感器操作手约 1 440 人，任务协调员约 900 人，处理分析和分发约 5 300 人，维护人员约 5 500 人，小型无人机系统操作员约 680 人，总计约 1.5 万人。

中型和大型无人机系统操作手：目前空军第 4 种和第 5 种无人机系统操作手共缺大约 100 人。未来 3～5 年需求将达到 1 100 人。从历史上看，空军无人机系统单位都使用有经验的飞行员。这项战略适应了先进概念验证机的快速采购与部署。它允许短暂的初步资格培训（大约 3 个月），也允许快速把飞行员置于单打独斗的场景（例如没有经验的引航员或飞行指挥官）。但是最近的增长，却使这项策略难以为继。空军已研究了应对来源、培训、持续和正规化等挑战的方法。两种最后考虑的方法将在下面加以介绍。空军选择采用“β 测试”来确定方法一的有效性（下面介绍），这是空军目前唯一的评估方法。另外一种方法将在下面只作为信息资料介绍。

方法一——非传统飞行员：空军正在测试一种全新的培训计划，目的是开发一种无人机系统操作手职业领域，其专门的无人机系统培训与现在有人驾驶飞行器培训显著不同。非传统飞行员培训方法增加了无人机操作手额外来源，减轻了无人机系统人力对当前专业大学飞行培训路径上的负担。更进一步说，培训可以根据无人机系统团队的需要专门定制。

方法二——非常规战争飞行员轨道：一个用于专业大学飞行培训中第 5 条路径的替代办法，在格斗空军的支持下专门用于无人机系统飞行员。专业大学飞行培训的学生在 T-6 阶段（仪表打分和无人机系统正规训练单元上结束培训）完成后就毕业了，这些飞行员可以填补第 4 种和第 5 种无人机系统和机动指挥空军无人机系统飞行计划等有人非常规战争平台的需要。空军行动计划和需求副参谋长与应用的主战司令部协作以确定所有可用于“标定”的需求，这些需求也是飞行员可以达到的。这一方法证明了空军把非常规战争定为核心任务的承诺。

中型和大型无人机系统传感器操作员：空军无人机系统传感器操作员传统上来自情报 1N1 图像分析界（大约 90%）。重点从更多飞行员为中心的职业领域转到了与 1A4 类似的应召职业飞行员团队。空军审议了这个问题并确定，尽管传感器操作员需要飞行员的心态和培训，但他们并没有飞行任务。尽管无人机系统传感器操作员的技能与 1A4XX 几乎相等，但无人机系统传感器操作员的风险小于飞行员，这个岗位不需要飞行员。为更好地对传感器操作员培训和发展进行管理，空军参谋长建立了新的无人机系统传感器操作员职业领域（1U1X1）。

中型和大型无人机系统任务情报协调员：任务情报协调员职位的创立是对信息综合人员需求不断增加的应对。这一职位对于 MQ-1 和 MQ-9 来说都是唯一的，因为情报侦察和监视以及大量的陆基通信系统间的数据综合是很重要的工作。目前这个职位的人员有几个来源：初步 1NO 中队情报职位和 14N 情报官。人员日常工作与无人机系统机组人员相似。空军正主动解决这个职位和行动发展路线，并使其标准化。

中型和大型无人机系统维护：与其他人工密集职位相似，在平衡空军人力目标的同时，无人机系统维护团队正主动发展长期正规化计划来满足联合需求。当前，所有“全球鹰”组织层次的维护都是由空军负责。MQ-1/9，空战司令部（ACC）的 75%和空军特种行动指挥部（AFSOC）100%的组织层次的航线维护需求都是由承包商完成的。负责设施、后勤和任务支持的副参谋长和空战司令部都支持在所有组织层次100%由军方委托的航线承包商替代。

方法一——军方与承包混合维护：随着无人机系统继续推广，承包维护成为必然。承包商没有影响到空军末端力量，今天的许多系统也证明了采用承包模式的成功。

方法二——军方维护：这种方法将会使无人机系统维护标准化，能够发展健全培训机制，并且为快速发展的空军飞机维护部门建立起可持续的职业领域。这种方法反应迅速，更有减少支出的潜力。

PAD/DCGS（处理、分析和分发/分布式地面共用系统）：随着对无人机系统需求的增长，对情报分析人员及其他们提供的资料的需求也同步增长。空军特别组织了一个情报监视与侦察部队跨功能工作组来计划应对这种需求量的增长。随着空军在应征和培训情报分析人员方面的能力继续落后于技术发展的步伐，解决人员短缺是势在必行的。空军正与空军后备司令部密切合作寻找解决处理、分析和分发（PAD）人员面临的挑战。另外，空中国民警卫队（ANG）已建立起两个新的据点以缓解这种挑战。短缺存在的原因是语言学家（1N3）培训所需的长时间和图像分析人员（1N1）所需的全面能力培训。在2010财年计划目标备忘录中空军成功地募集到了人员以满足无人机系统对人员需求的快速增长，但对于不断增长的行动来说，征集和培训操作手仍很困难。目前正指导国防高级研究项目署（DARPA）、空军研究实验室（AFRL）等高级研究机构开展技术开发，以对空军分布式地面共用系统（DCGS）和处理、分析和分发（PAD）固有的许多人员密集型的功能实现自动化。

小型无人机系统（SUAS）：空军正致力于确定管理一个可持续、正规化的无人机系统职业部队的正确途径。空军特种行动指挥部

（AFSOC）是小型无人机系统领导机关。今天，小型无人机系统的行动被当作多数其他作战领域（如安全部队缓解人员征集压力）的额外任务。大多数的小型无人机系统操作手也都是维护人员和传感器操作员。但是这种额外的任务显著增加了小型无人机系统操作组织的工作量。第一组的小型无人机系统被战场空勤人员和安全部队用于战场形势探测、掩护部队和火力支援等特定目的。考虑到一件装备及其附加的限制，第一组小型无人机系统被与其他用于任务使命的单个能力前后配置使用。战场空勤人员要求作为目前空军唯一的记录项目，指出小型无人机系统必须靠一个人的人力运输、发射、操作和回收。部署作为过渡的第二组小型无人机系统（称作“扫描鹰”）的初步尝试，验证了对小型无人机系统操作手和维护人员的要求。

小型无人机系统操作手负责无人机及机载系统安全降落和飞行操作，这些操作手相当于有人驾驶飞机的地面指挥员。不论采用何种驾驶方式，这些操作手都需要空军所要求的飞行技能。这些技能通过空军培训过程传授给学员，使他们成为某个机型的合格操作手。第二组和第三组无人机系统操作手需要一种能与整个空军职业金字塔相融合的、可行的、有特色的职业领域。

小型无人机系统传感器操作手（SUAS SO）。小型无人机系统传感器操作手也许要具备小型无人机系统操作手的双重资格，这个职位主要是为了应对多任务无人机系统。空军大多数第一组和第二组小型无人机系统不需要单独的传感器操作手。

第二组无人机系统潜在的解决方案。空军特种行动指挥部正在完善一种传感器操作手解决方案，将允许这些传感器操作手从有人驾驶的侦察监视情报系统过渡到大型无人机系统传感器操作手，然后过渡到第三组无人机系统操作手。小型无人机系统的快速部署将缓解当前无人机系统面临的一些能力不足的问题（比如全动作影像）。从早期无人机系统使用得出的经验推动了（操作手）职业培养途径的发展以及为中队配备了所需要的合适人选（适于所有尺寸的无人机系统）。

解决方案。空军必须马上在各个层次采取积极行动，建立起一种长期的、可持续的、正规化的无人机系统文化。这需要高级领导层的介入、人员和发展过程以及实际的培训发展。方案内容应包含以下几点。

一是人力计划必须满足空军无人机系统目标。

二是评估和调整无人机系统操作手发展途径，包括报酬激励和职业激励等问题。

三是在职业飞行员、武器操作手和地面传感器操作手之间选择。

四是寻找用于开发处理分发系统自动化的实验室。

五是在 2012 财政年度计划中对无人机系统飞行和通信维护从组织层次进行维护战略评估，并调整规划。

六是适当打好基础，使小型无人机系统能够正确地开发人力需求。

为确保人员计划和发展过程对无人机系统组织的支持，高级领导层介入是不可缺少的。领导层必须确保这个过程到位，并服从于需求确认、发展和跟踪，实现对无人机系统高可靠终端状态的支持。人员配备方面，在平衡空军其他任务需求的同时，必须全面支持无人机系统的需要。

可以预见在近期无人机系统团体将会有显著增长。随着技术进步(特别是在多机控制与自主方面)，团体将会战胜当前人力方面的挑战。这很大程度上取决于高层给予技术推动者的关注。这些推动者受聘于飞行计划以实现这一设想。

（六）人员系统整合（HSI）

人员系统整合（HSI）是一种严格的交互系统工程方法，用来整合人员方面的因素，包括人员的能力与限制，人员进入系统发展、设计和寿命周期管理。这样做将会提高整个系统性能并减少所有者的成本。人员整合系统（HSI）主要领域是：人力、人员、培训、人的因素工程、环境、安全、职业健康、生存力和可居性（AFI63-1201）。

随着空军的现代化，无人机系统将会继续提供新的更高的能力，这就需要与其他行动、系统和操作手之间建立起独特的接口。这些操作手具有广泛的能力，经过培训后，可以操作、维护、支援、维持这些系统和接口。不论人机接口在何处，也不论系统和它的飞行控制能力有多么高级，系统最终的成功取决于人机接口的效率。可行的概念、前端分析和与人相关的要求必须一开始就抓住，并贯穿于采购全过程。高水平团队、综合处理团队、工作组和项目办公室必须为所有无人机系统全面解决“以人员为中心”的问题。这些人员系统整合（HSI）方案提出的需求将被负责武器系统的主战司令部（MAJCOM）或者空战司令部、空中机动指挥部及空军特种行动指挥部加以定义并提出建议。每一个人员系统整合（HSI）代表都将会被认定为无人机系统高性能团队的核心成员，提供每个代表关于人员系统整合（HSI）领域的回顾能力。空军人员系统整合（HSI）主旨问题专家们和人员系统整合（HSI）操作者在应对需求和系统工程化过程中，将为无人机系统团队在解决以人员为中心的问题时提供支持。这些项目事务专家和执行者将作为焦点，把这些考虑的因素整合到无人机系统需求、技术发展、系统设计和发展、制造、测试、评估、行动、维持和处置之中。

为确保人员一开始就纳入无人机系统决策范围之内，将对人员系统整合（HSI）进行如下处理。

一是纳入前端分析，包括功能区域分析（FAA）、功能需求分析（FNA）和功能方案分析（FSA）。

二是在 DOTMLPF 分析方案过程中加以处理。

三是替代分析（AOA）计划和执行中的关键考虑。

四是用于发展和支持源头筛选标准和衡量合同确定的发展成就。

五是用于主动开展领域交换以有利于整个系统性能。

六是在整个系统寿命周期，特别是具备测量与试验条件的测试与评估中进行评估。

空军人员系统整合办公室和空军研究实验室第711人员表现联队将为空军人员系统整合提供组织上的专门经验。这些组织将帮助无人机系统部队开展人员系统整合分析，并为高性能组织提供主旨问题专家、工作组和项目办公室。

五、培训、装备和人员安排

（一）培训

目标：2010财政年度4季度前验证高保真模拟器（100％初步资格培训）。

主要责任办公室：空军装备司令部。

责任协调办公室：空军采购部长、空军作战综合和首席信息官办公室、空军司令部负责情报侦察和监视的副参谋长、无人机系统特战队、空军行动计划和需求副参谋长、空战司令部。

发展一种能够满足100％初始资格培训的高保真的模拟器是此目标的本意。无人机系统的爆炸式增长使无人机系统和能力在培训容量、质量和效率方面的需求显著增加。2008年4月，国防部长指示各军种寻找与过去不同的培训之路。他的出发点是由军队由于培训产品短缺而无力满足不断增长的无人机行动引出的。对于培训产品的短缺，关键的一个因素是当前一代的模拟器缺少实际培训环境。

对战斗司令部程序控制的飞机编队的支持，在采用满足空战司令部特殊需求的高保真模拟器后，可以实现这种支持的最大化。因为培训需求，有人平台一般其战斗型号为部署量的三分之一。模拟器的仿真度越高，实际飞行的需求越少。因为潜在培训量不受距离、天气和其他飞机架次的限制，更多的资源可以用于参战。一旦初始培训结束，无人机系统工作人员可以不用本场站架次飞行，而保持连续的流量和任务技能。这种增加的飞行培训可以在没有飞机灾祸风险的情况下完成。有些本场飞行架次将用于满足所需的维护培训和备选。

培训和装备问题的解决，包括对现有无人机系统模拟器三个层次的改造。这些改造是传感器操作和具备现场虚拟训练及分布式行动操作能力的无人机系统部件的高保真现场展示。第一个优先是用于支持实际传感器显示的高保真数据库。这些图像仿真方面的增强也将融入RQ-4 模拟器。这些数据库不仅对传感器操作手的培训至关重要，对其他飞机吊舱仿真也是一样。海军和陆军也是数据库开发的潜在伙伴。改造的第二个层次包括任务协调站、微光模拟、联合战术空中综合模拟、改进的飞行品质和改进的紧急程序仿真。除了需要其他飞机参加的任务，这些改进将使 MQ-1 和 MQ-9 的模拟器开展所有的初始资格培训。改造的第三个层次是把模拟器与虚拟现实培训和分布式任务操作系统联起来。

在这些系统开发以前，不仅无人机操作手需要飞行架次与联合战术空管员和有人飞机参加初始资格培训，而且联合战术空管员、有人飞机乘员和维护人员也需要无人机飞行架次来满足他们的培训需求。通过改变 2009 财年的研究、发展、测试和工程化（RDT&E）资金，支持未来无人机系统模拟器标准的开发和实施。如果获得资金，100%在模拟器上完成初始资格培训的目标将会尽可能快地实现。

（二）装备和人员

目标：2010 财年 4 季度在 MQ-1/MQ-9GCS 中实施改进的多机控制。

主要责任办公室：空军装备司令部。

责任协调办公室：空军采购部长、空军作战综合和首席信息官办公室、空军司令部负责情报侦察和监视的副参谋长、无人机系统特战队、空军行动计划和需求副参谋长、空战司令部。

当前把一个操作手限定为操作 1 架飞机，具备从一个地面站操作不同无人机系统的有限能力。1 架无人机也许每天几个小时要在发射和回收场地及任务区域间转场。另外，当 2 架无人机被要求保持在同一连续的轨道上时，资源占用过多。收集任务的大部分可以通过现有的自动化技术进行管理，这种技术与改进的 HIS（人机系统综合）控制和显示相结合，在良性行动中，将允许一个操作手与 4 个传感器操作手同时控制最多 4 架飞机。这项成果采用新的软件与经过数千小时的多机战斗飞行所获取的合作经验以及增强的接口，对现有 MQ-1 和 MQ-9 的多机控制地面站进行了升级。如果这项创新获得资金，将不再需要 MQ-1 和 MQ-9 生产线上最后 7～10 个地面站。通过MQ-1和MQ-9 所获得的经验可以在其他系统上实施，提供相似的效能。资格培训也将为具有多机控制能力的行动而进行调整。

目标：2010 财政年度 4 季度前验证空射小型无人机系统增强的多机控制技术。

主要责任办公室：空军装备司令部、空中特种行动指挥部。

责任协调办公室：空军采购部长、空军司令部负责情报侦察和监视的副参谋长、无人机系统特战队、空军行动计划和需求副参谋长、空战司令部。

空射机外探测是某些任务所需的，特别当需要对云层以下进行观察时。这些飞机可能由母机控制，或者交由其他飞机或者地面团队来保持对高价值目标的监控链。这一概念将会综合到下一代军舰和下一代无人机系统的使用概念中。另外，安全部队采用地面发射的多机控制系统可以更加有效地监视整个基地的周边，与之相对应的是多个小型无人机系统操作手试图达到同样的效果。一个操作手可以指挥飞机，无须继续与其他操作手协调以避免覆盖空隙，同时避免与其他所有飞机航路发生冲突。增强的小型无人机多机控制预计将会同时大量增加控制飞机的数量，因为更加简单的飞行特点和任务使它们自身的自动化有所增强。

为了这项验证，多机控制技术的概念已在多个空射小型无人机系统上进行了应用。“幽灵发现者”无人机系统将作为 MQ-1 和MQ-9系统的扩充进行控制和管理。这些筒内发射的一次性小型无人机系统也将带有模块化的有效载荷，这将验证与无人机系统多机控制类似的编队，并增强“穿透天气 ISR（侦察情报监视）”能力。如果得到资金，这项验证将是有人—无人防空、敌方空防压制和特种行动等一系列任务开发“使用概念”的第一个项目。海军是这项验证的潜在合作伙伴。

目标：2010 财政年度 3 季度前采用可交互操作的仿真、标准、开放构架的无人 C2（指挥和通信）部分进行验证，以增强交互服务、交互操作能力。

主要责任办公室：空军装备司令部。

责任协调办公室：空军采购部长、空军作战综合和首席信息官办公室、空军司令部负责情报侦察和监视的副参谋长、无人机系统特战队、空军行动计划和需求副参谋长、空战司令部、空中特别行动指挥部。

在当今网络环境下，标准与交互操作能力对于联合部队获取信息优势是很关键的。联合和军种通信系统必须具备必要的可操作性，以确保在和多国联合行动中以及在其他政府与非政府机构间成功通信。交互操作能力可以通过公共、标准和兼容来实现。计划人员必须知道组内其他的通信系统资源的能力和限制，并且必须把它们综合到联合通信系统计划之中。随着新的无人机系统的发展，把它们设计为带有开放构架的部件（例如，空中飞行器终端、地面终端、陆地连接器）是很关键的。未来的交互操作性并不会因为接纳专用连接部件而受到拖累。所有空军无人机系统在开发和采购方面的创意都应当与被认可的标准接口和通过联合能力综合发展系统（JCIDS）程序并具备交互操作能力的关键性能参数（KPP）一致。

交互操作能力标准为无人系统接口提供共同的媒体：

一是减少寿命周期成本——通过消除专门的不兼容的设计，减少在无人系统的开发、集成和支持方面的支出。

二是为“技术插入”提供一个框架——具有通用的接口，当新技术产生时，这些技术可以容易地与未加改造的现有系统进行整合。

三是配合现有系统扩展，加入新能力——具有支持新技术的框架，增加现有系统可以完成的任务。

美国政府已意识到国防部内的标准对支持日益增长的无人机系统的重要作用。交互操作能力标准已被写入与标准化协议（STANAGS）（像STANAG4586）有关的公法。2006年1月6日公法第109～163页写道：这些飞机使用的数据格式与为战术无人航空器设计的结构化标准（STANAG4586，为在北大西洋公约组织间开展多国家交互操作而开发）相一致。除了STANAG4586，像MIL-STD 188-165A、卫星通信PSK调制器交互操作能力等军用标准，也是基本的标准，必须在开发和采购的各个阶段加以遵守。交互操作能力是灵活发展的关键。

飞行计划在标准无人机系统接口方面的创新需要详细的开发行动加以支持。这些行动的目标是实现任务综合的改进，支持采购、科学技术和后勤（AT&L）在交互操作能力和通用性方面的创新。正如操作概念、使用概念所要求的那样，此项验证将扩展无人机系统的C2（指挥和控制）在系统内跨军种交互操作能力。它将决定所有未来需要整合到C2系统的附加功能性。详细来说，这项创意就是通过应用军方开发的标准无人机系统接口指南，为无人机系统家族（包括MQ-1，MQ-8，MQ-9，MQ-X和RQ-4）开发和验证具有交互操作能力、以标准为基础、开放构架的C2。开发联合无人机系统C2构架和接口标准的关键是飞机控制和数据共享标准、任务集成数据标准、分布式飞机和有效载荷操作标准及多机控制标准。在2009财政年度中，联合操作特性（JIOP）将由操作概念、使用概念和设想文件发展而来，反过来它们也用于定义无人机系统C2构架。在2010财政年度中，用于联合构架的各个节点的联合接口控制文件（JICD）将得到开发，随后将由一个联合工作组采用一种联合概念技术验证（JCTD）方法来进行标准开发。

目标：2010财政年度3季度验证空中探测与规避技术（ABSAA）和操作概念（CONOPS）。

主要责任办公室：空军装备司令部。

责任协调办公室：空军采购部长、空军司令部负责情报侦察和监视的副参谋长、无人机系统特战队、空军行动计划和需求副参谋长、空战司令部。

无人机系统领空融合是国防部在无人机系统方面的首要工作之一。随着无人机系统对战争支持呈指数性增加，产生了进入领空开展测试和培训的需求。探测与规避技术的发展、部署与政策的结合对于满足这种需求是至关重要的。有些技术开发已经实现，但是交付支持当前战斗司令部需求的系统和有效载荷的工作被置于优先位置。国防部部长办公室（OSD）分管采购、技术和后勤（AT&L）的机构要求各军种投资开发满足无人机系统计划有关的领空融合关键性能参数

(KPPS)的技术。国防部长通过给空军司令部分配任务，重新调整工作重点，为探测和规避制订可行的计划。如果得到资金，将对“死神”级别的无人机系统的空中探测和规避进行验证，并取得整个无人机系统家族的空中探测和规避方案，这将直接支持空军部长和国防部办公室所分配的任务。

目标：2009财政年度验证高空飞艇无人机系统。

主要责任办公室：空军装备司令部。

责任协调办公室：空军采购部长、空军司令部负责情报侦察和监视的副参谋长、无人机系统特战队、空军行动计划和需求副参谋长、空战司令部。

具有高空长航时能力的设备具有支持许多任务区域的潜力。近的凝视（Near Peer）空间和信息竞争者对这些有需求。另外，当前通信和数据链容量限制也需要可部署的网关来连接世界各地的战斗部队。这些高空系统可以在当前没有能力或没有现成设施的地方提供连接。如果得到资金，这些高空飞艇可以验证它们在情报侦察监视、通信和导航方面提供的便利。完成演示后，空军将决定寻求一种操作高空飞艇的能力。作为后续，为实现这些有效载荷与其他无人机系统整合，而发展技术对其实施最小化的同时，这些平台也许可以为在联合行动中使用新的传感器提供手段。陆军和海军对这种能力也有兴趣。

目标：2010财政年度为中型无人机这类飞机模块化有效载荷平台验证技术。

主要责任办公室：空军装备司令部。

责任协调办公室：空军采购部长、空军司令部负责情报侦察和监视的副参谋长、无人机系统特战队、空军行动计划和需求副参谋长、空战司令部。

目前国防部采购过程的重点在技术验证，这项创新支持国防部部长办公室制定的方向。这项努力是为了对高回报系统、任务特性和使用概念进行确认，对促成从当前一代的远程驾驶飞机走向成熟高效的、多任务的下一代无人机系统的技术进行验证。更重要的是，飞行计划把模块化作为这些飞机性能进步的关键。模块化有效载荷将考虑到电子攻击、近距空中支援、打击和多情报 ISR 任务。这项模块化技术的验证也将用于先进的地面控制站用来定义人员系统接口。从这项验证得来的综合技术经验将用在 MQ-X，MQ-Ma 和后续空军无人机系统计划对模块化标准进行定义。这项设计也将促进具有服务为导向构架的有效载荷控制更好地理解接口标准。

目标：2010 财政年度 4 季度前加速部署验证 MA-9 自动起降能力。

主要责任办公室：空军装备司令部。

责任协调办公室：空军采购部长、空军司令部负责情报侦察和监视的副参谋长、无人机系统特战队、空军行动计划和需求副参谋长、空战司令部。

总体来说，飞机多数安全事件与事故发生在起飞和降落的时候。在中型和大型无人机系统实现自动起降方面，已开展了一些努力，但是在调整多个任务依赖和同时工程化方面还存在挑战。受到当前制造商发展这些技术的限制，这种情况有所加剧。如果获得资金，通过分成三个阶段，飞行计划创新将加速自动起降技术的开发。这三个阶段是有限能力的自动着陆，随后是具备全部能力和冗余，最后是具备联合精确接近着陆系统（JPALS）适应能力。2009 财政年度投资将投向 2010 财政年度中触地技术和 2011 财政年度部署有限着陆能力的技术。一旦得到批准，自动起降将得到严格测试，以适应联合精确接近着陆系统的要求。这个项目将通过与其他军种自动起降成果紧密协作而得以完成。

目标：2014 财政年度前为 MQ-1 和 MQ-9 提供有保护的通信。

主要责任办公室：空军装备司令部。

责任协调办公室：空军采购部长，空军作战综合和首席信息官办公室，空军司令部负责情报侦察和监视的副参谋长，无人机系统特战队，空军司令部负责后勤、设施和任务支持的副参谋长，空战司令部。

MQ-1 和 MQ-9 使用了专用数据链，解码易受敌方的影响。两种无人机系统所使用的“掠食者”主用数据链（PPDL）需要更高的数据率来支持新的传感器和国防部部长办公室管理的安全公共数据链，国会增加了拨款来加以实现，但不要指望现有 MQ-1 和 MQ-9 机队会改进。

如果得到资金，有保护的通信创新将为 MQ-1 和 MQ-9 机队独立完成开发、集成和测试数据链装备，并将根据系统按阶段完成。“旋涡”将被综合到 2010 财政年度中，同时这项创新将会加快现有数据链的改进以满足国家安全局 1 号超视距/视距数据链的要求，实现与来自国防部部长办公室和操作手的需求的匹配。

目标：2010 财政年度 4 季度前验证 MQ-9 的无人机系统电子攻击能力。

主要责任办公室：空军装备司令部。

责任协调办公室：空军采购部长、空军司令部负责情报侦察和监视的副参谋长、无人机系统特战队、空战司令部。

2012 年海军 EA-6B 徘徊者电子战飞机退役，导致空军电子攻击能力存在空缺。为了填补这项空缺，持续的拨款、军种的支持、研究开发技术和部署（RDT&E）是必要的。填补这个空缺的一项选择是具备电子攻击能力的 MQ-9。这项新的能力将通过两个阶段验证。2010 财政年度第一个阶段将确定 MQ-9 机载电子攻击能力的可行性。

详细的演示将确定并减少无人机系统C2数据链与瘫痪敌方系统的电子攻击技术间的潜在互干扰，结果将被用于开发下一代无人机系统电子攻击。这种构架将用于定义下一代集成的机内和机外电子攻击所需的关键吊舱、系统和连接。第二个阶段将验证在空间独立的平台上的无人机系统电子攻击，通过对敌隐蔽或者在4Q12中跟踪友军空中行动的能力使其能够进入不受限的战场空间。集成构架的验证将采用可用的硬件与软件，如微型空射欺骗—联合（MALD-J）。

（三）领导、教育和人员

目标：尽快提拔和分配具有无人机系统经验的领导。

主要责任办公室：负责人事的副参谋长。

责任协调办公室：空军行动计划和需求副参谋长。

无人机系统行动清楚地显示出独特的挑战。由于无人机系统需求的增长，以及之前从无人机系统回收合格飞行员到有人驾驶飞机单位的政策，现在无人机系统缺少专家型的领导、决策者，空军司令部、联合参谋部、国防部部长办公室内部关键岗位也缺少熟悉事务的专家。这种短缺已造成了决策经常不完整、反映遗传文化和限制创新。另外，无人机系统经验也需要在空军内部引导并推动一种无人机系统职业道路。

国防部在无人机系统问题上的要求是成功和便利地支援联合部队所需的、高度同步的空军行动。实施空军无人机系统飞行计划需要一个引擎，在制度完备方面来把它带到的足够高的水平。飞行计划行动正常之前，空军司令部无人机系统任务部队将协调空军的各种努力。

领导、教育和人员方案包括确认和培养未来无人机系统所需的专家型的高级领导（在军官与参军的士兵中招收），2009财政年度3季度前，把已选好的无人机系统专家分配到空军参谋部，在整个联合参谋部和国防部部长办公室（如果资源允许）扩充无人机系统专家。

目标：2010 财政年度 2 季度前，定义无人机系统人员职业道路、培训和来源。

主要责任办公室：空军负责行动计划和需求的副参谋长。

责任协调办公室：空军司令部负责人事的副参谋长，空军司令部负责情报侦察和监视的副参谋长，无人机系统特战队，空军司令部负责后勤、设施和任务支持的副参谋长，空军特种行动指挥部，空战司令部和空军后备司令部。

因为无人机系统正在空军行动中获得更大份额，为所有相关的行动和后勤人员开发的职业道路需要考虑这些事实。

六、相关部门的政策和实施计划的一些需求

（一）政策

目标：2009 财政年度 4 季度前，向国防部办公室提出国家领空融合政策。

主要责任办公室：空军司令部负责行动计划和需求的副参谋长。

责任协调办公室：空军司令部负责情报侦察和监视的副参谋长、无人机系统特战队、空战司令部、空军特种行动指挥部、空军后备司令部、空军司令部空军飞行标准局。

到 2015 年，每个州都将有无人机系统飞行来支援国防部任务。当国家把部署在伊拉克和阿富汗的部队调回国，联合无人机系统卓越中心（JUOE）的报告估计每年无人机系统将花 110 万 h 的飞行时间并为未来冲突做好准备。这些无人机系统任务的 91%，包括国民警卫队第 32 条规定的多数任务，将需要转换领空（目前无人机系统不能进入，因为它们不满足观察和规避等基本飞行安全要求）的级别。除非这个解决了，否则在有必要进入领空时，也只有受限制的最基本的选择。

国防部的战略是在与联邦航空管理局合作来支持国防部的2010～2015财政年度计划的同时，不断增加和发展无人机系统领空方面的政策、程序和具体能力。这包括围绕耐飞性、飞和员/操作手培训、通信等的一系列问题。这项战略还包括与联邦航空管理局和其他媒介股东的合作以确保无人机系统行动被融合到下一代空中运输系统。国防部目前正聚焦于以下方面。

（1）政策：为2009财政年度制定的国防授权法。

第一，建立一个国防部和联邦航空管理局组成的冲突/争端方案联合执行委员会，并作为一个焦点，解决领空、飞机证书、飞行人员培训和其他提交到委员会的问题。

第二，从技术、程序和政策考虑上，确认冲突/争端的解决方案。

第三，为这类系统最终常规化地进入国家领空系统，确认技术、程序和政策方案。

（2）程序：统一处理团队与联邦航空管理局衔接，参加联合的无人机系统工作组。这个工作组将确定近期详细的政策和方案。

第一，国防部、航空航天局、国土安全部未来5年对无人机系统领空进入的需求。

第二，采用现存可用和建议附加研究的材料，进行基于需求的安全评估和危险分析。

第三，使用研究结果，决定哪个地方的进入将会有程序上和技术上的增加。

第四，计划中的文件结果和建议，提供给联合规划发展办公室。

（3）装备：近期目标是开发一种地基能力来满足联邦法关于本地行动中探测和规避的需求。联合处理团队指定陆军作为国防部内负责单位，领导开发一种地基避碰系统，为无人机系统提供空情感知，同时将部署本地地基系统，开发空中探测、规避标准和模型仿真的有效工具。

长期目标是建立一个空中探测和规避系统，将在领空的所有层中以安全和高效模式提供全自动的避碰。这一目标的焦点在于通用的探测和规避项目，它将把“全球鹰”与“宽阔海域侦察”的成果联系起来。项目决策备忘录 III 指明了发展方向，并为此项能力开发提供了初期资金。

（二）独立的后勤评估

目标：对通过快速采购过程而部署的未来系统进行检查，并提供产品支持和独立的后勤评估指南；2010 财政年度 1 季度前，发布过渡期指南。

主要责任办公室：空军采购部长。

责任协调办公室：空军司令部负责后勤、设施和任务支持的副参谋长以及空军司令部负责行动计划和需求的副参谋长。

一旦运行中的系统的可支持能力和装备可用性的结果能够直接与一系列成果（应用于在整个采购过程开展中独立后勤评估）联系起来，独立后勤评估对于确保空军装备的产品可支持性、有效性和高效率都是至关重要的。下面的话引自空军装备司令部在 2006 财政年度 1 月出版的独立后勤评估手册：

> 空军为实现联合战斗效能最大化能力的基础是在整个寿命周期系统内建立和维护一个后勤支援。为发展这种支援基础和维持关键战斗人员的表现，后勤部队必须在产品支持、维护计划和措施方面更加高效。特别是在采购初期。一个坚实的产品支持战略是围绕采购后勤需求和维护元素建立起来的，也是连续评估和股东协作的结果。独立后勤评估为与支援、后勤和备便相关计划的所有方面指明了方向，并在实施过程中帮助完成这些目标。

从 MQ-1 和 RQ-4（直接来自先进技术验证过程）采购中得出的一个重要教训是，它导致整个计划对寿命周期产品支持的失败，这种失败是与没有像独立后勤评估这样的可用评估分不开的，这些评估既可以照亮风险，又可以帮助其减少对这两个系统可支持力的不利影响。幸运的是，装备可用性保持在了可以接受的水平，这主要归功于系统项目办公室（SPO）的主动领导和合同后勤支援（CLS）的巨额花费。对采购后勤的远见与不断重视，未来项目可以在正规化和经费高效的环境下开展。

（三）带宽需求

目标：从 2009 财政年度开始，新的无人机系统项目与适当的管理者一起对它们预计的超视距数据通信链路带宽需求进行协调。

第五节 无人机设计的核心——飞控理论的发展

一、国内外研究现状

近几十年来，随着飞机性能的不断提高，飞行控制技术发生了很大的变化，出现了主动控制技术、综合控制技术、自主飞行控制技术等先进的飞行控制技术，飞行控制系统与航电系统出现了高度综合化的趋势。现代高性能飞机对飞行控制系统提出了更高的要求，使用古典控制理论设计先进飞机的飞行控制系统已越来越困难。为了获得更好的飞行品质，许多现代控制方法被应用到飞机飞行控制系统的设计中。这些控制方法可以概括为三类：频域法，如线性二次型调节器/线性二次型高斯函数/回路传递恢复方法（LQR/LQG/LTR）、定量反馈理论（Quantitative Feedback Theory）方法和动态逆方法等；数值最优化，如 H_∞ 方法、μ 综合方法等；时域法，如特征结构配置（Eigenstructure Assignment）方法。到目前为止，由于飞机的设计规范和评价体系仍然是用古典控制理论的概念来描述的，而且在大多数情况下古典控制方法仍十分有效，所以古典控制方法在当代飞机控制系统的设计中应用仍然很广泛。但是人们对飞机性能的不断追求和古典控制理论的局限，促使人们坚持不懈地开展现代控制方法在飞机飞行控制系统中的应用研究。随着人们对飞机性能要求的提高，现代控制方法将在控制系统的设计中取得更广泛的应用。

目前，飞行控制研究的热点集中于鲁棒性、非线性、自适应、智能控制理论等方面，提高控制系统的鲁棒性和故障适应能力是研究的重点，将不确定非线性系统的鲁棒自适应 H_∞ 控制方法引入到飞行控制系统的设计之中已成为一种必然趋势。

20 世纪 60 年代以后，随着飞机任务需求的转变、飞机飞行高度的增加、飞行速度的提高以及飞行包线的扩大，飞机本身特性（稳定性和阻尼性）恶化，针对这些要求随之出现了阻尼器、增稳和控制增稳系统，此时自动驾驶仪逐渐向飞行自动控制系统发展。20 世纪 60 年代产生了随控布局飞行器设计思想，即将飞行控制与气动布局、飞行器结构以及动力系统放在同等的地位进行综合设计，此时飞行控制系统计算机由模拟化向数字化迅速发展。在飞行系统控制设计方法中，经典的设计技术（根轨迹法、极点配置法等）仍然被广泛应用。经典设计技术通常需要进行大量的增益调整和试验来设计满足控制系统指标要求的控制规律。

在 20 世纪 80 年代末出现了一种采用李雅普诺夫函数方法的新思想，这种思想后来成为一种被称为反推的算法。基于反推的自适应控制方案在处理非线性问题时显示了其独特的优越性。

反推的基本思想是针对级联线性/非线性系统，通过一步步适当选取李氏函数，一步步构造辅助控制输入（一般是系统的一部分状态，即用系统的一些状态去控制其他状态，可以避免采用动态逆方法时对消掉有用的非线性信息）的同时补偿不确定性的影响，最终得到稳定的控制规律。

在飞行控制系统的应用中，仅有 Sahjendra N. 和 Marc L. Steinberg 等人在 20 世纪 90 年代中后期做过一些初步的研究工作，从其研究结果可以看出，该方法有着十分诱人的研究前景。Steinberg 成功地应用这种方法处理了飞机中的气动参数不确定性的问题，但是没有考虑不确定性非线性和未建模动态的影响，也没有直接基于系统模型进行鲁棒性研究。

将反推用于飞控系统设计有如下两个显著优点：

在控制器设计过程中可以处理一大类非线性、不确定性的影响（这正是动态逆控制方案多年来一直努力解决的问题），而且稳定性及误差的收敛都已经得到了证明。由于不同于传统自适应控制器需要参数辨识，所以用该方法设计的控制器收敛速度很快，因此在损伤或故障飞行状态下这种方法将十分有效。

针对非线性系统不确定动态特性来源，研究人员提出了多种鲁棒控制方案，以提高自适应控制的鲁棒性。比如，Peterson 采用死区解决噪音条件下的误差有界性，Naik 应用参数预测解决系统针对未建模动态的鲁棒性。Isidori 等将线性系统内模原理引入不确定非线性系统的鲁棒控制中，提出一类能够跟踪不确定性输出的自适应输出调节方法，并基于该方法对 VTOL 飞机和小型无人直升机的着舰方法进行了研究。该方法从理论上得到了比较完整的结果，但在实际系统中的应用尚需进一步研究。

20 世纪 90 年代以来，神经网络控制作为一种新型控制技术开始进入飞行控制领域，在飞行器的气动参数辨识、非线性飞行控制、飞行故障诊断以及控制系统重构等方面得到广泛应用。

Steiberg 等将飞行控制系统中神经网络的应用分为三个领域。一是自动驾驶飞行控制系统。控制律基于神经网络控制器在线产生，避免昂贵的设计代价，并且能够补偿系统非线性和不确定性。二是容错飞行控制系统。传统飞行控制系统通常使用硬件冗余来增强系统的可靠性，但是硬件冗余增加了系统质量，可能会降低系统可靠性，因此基于神经网络和自适应技术的容错飞行控制研究成为一个新的研究领域。三是大迎角超机动飞行控制系统。具备大迎角超机动能力的战斗机在对敌作战中将取得显著优势，但是超机动意味着飞行动力控制面有效性下降和飞行器非线性动态特性增强，使控制问题异常复杂。利用神经网络自适应非线性控制技术成为解决此类问题的一个重要途径。

Kumar 等提出了一种在现存 PI 控制器上增加自适应神经网络的控制方案。该方案提出非线性发动机逆模型自适应神经网络，经过训练能使发动机发生大范围变化情况下控制器保持令人满意的性能。该方法的独特性在于全前向连接的神经网络结构，权值的在线调整算法采用标准 BP 算法（SBPA）。

Napolitano 等对固定翼飞机神经网络控制进行深入研究，提出了一种扩展 BP 算法（EBPA），对于提高神经网络在线学习的准确性和学习速度特别有效。EBPA 主要应用于重构飞行控制方面，作动器故障和传感器故障都得到了解决。在飞行控制面受到严重损伤（AFDIA）、传感器受到损伤（SFDIA）和无物理冗余情况下，在线完成控制律的重构，使飞机返回到一种新的平衡状态。专家研究了容错飞行控制系统的实时性和 AFDIA 与 SFDIA 之间的合成策略问题，该系统具有基于在线学习的并行神经网络系统硬件。

目前，美国 Georgia 理工大学 Anthony J. Calise 教授领导的研究小组在与飞行控制有关的神经网络应用研究中处于国际领先地位。他们提出了一种基于线性化对象逆模型（反馈线性化）并融合多层感知器神经网络的飞行控制方案，该方案在以下的应用领域中被证明是有效的：第一，工作区间空气动力学特征高度非线性的系统；第二，具有多时间尺度特性并且非线性动力学特性变化迅速的系统；第三，具有高度不确定性特征的系统；第四，作动器通道发生故障的情况下仍然要求保持一定操纵品质的系统；此外，该方案对改善敏捷性空空导弹增益预置控制器设计点之间和增益预置覆盖范围之外的控制效果也是有效的。现在，该研究小组正在把这种基于神经网络的智能飞行控制方案应用在更广泛的领域，如大迎角飞行控制、飞行器制导与控制综合等。

Calise 等提出的智能飞行控制方案的一个突出特点是采用在线学习的神经网络。在线神经网络与离线神经网络的主要区别是：第一，离线神经网络权值调整依据控制器输入—输出映射样本数据离线完成，而在线神经网络权值根据跟踪误差进行实时调整，权值调整所依据的跟踪误差不包含控制器输入信息；第二，离线神经网络根据已有的样本数据进行训练，神经网络控制系统的性能与样本数据有关，在线神经网络在调整过程中必须保证闭环系统中所有信号的有界性（稳定性）。

二、现代飞行控制系统设计常用理论简介

随着现代控制理论的发展，产生了很多现代飞行控制方法，如最优控制（LQR，LQG，MLI 等）、鲁棒控制（线性和非线性）、变结构控制、Backstepping、自适应控制、神经网络控制、模糊控制以及非线性控制等。鉴于以上原因，利用现代控制理论方法设计飞行控制

系统的试验和验证也在坚持不断进行，并取得了一些成功的经验。多变量控制理论的潜在优势就在于，处理多变量多回路问题时可以采用系统的、综合的方法。目前，经过分析和设计验证表明，适于飞机控制系统的现代设计方法主要有以下几种。

（一）最优二次型设计方法

最优控制采用数学上准确的性能指标描述系统的性能规范，从这个性能指标出发，求得系统的控制增益，相当于同时闭合了多个控制回路并使各控制回路的性能自动地协调。最优二次型控制（代价函数为二次型积分函数）是最优控制应用于飞控系统设计较早和较成熟的一种方法，包括输出反馈的最优二次型、显模型跟踪及隐模型跟踪等。20 世纪 70 年代，美国 F-8C 主动控制技术验证机控制律设计采用了显模型跟踪最优二次型方法；80 年代初，日本以 T2 教练机为原型机，进行改装完成了 T2CCV 技术验证，该机的数字电传系统采用了类似 F-8C 的最优显模型跟踪设计方法，经过实际试飞验证，具有优良的飞行品质。最优控制理论要求精确已知系统的数学模型，不考虑模型误差以及外界干扰的影响。但工程实现中这些不确定性因素的存在是不可避免的。因此，最优控制应用于飞控系统设计时，必须考虑鲁棒性等问题。频域加权法是解决最优二次型设计鲁棒性问题的一种方法。由于很难将全部设计因素考虑在内，因此与经典控制理论相结合，是工程应用最优控制方法较为成功的途径。

采用最优控制技术设计的优点主要有：①设计是基于系统的状态变量模型，状态变量模型比传递函数能描述更多的系统信息，从而容易得到完善的控制系统性能；②设计时采用一个数学上准确的性能指标来描述系统的性能规范，从这个性能指标出发，便可求得系统的控制增益矩阵，这相当于同时闭合了多个控制回路并使各控制回路的性能自动地协调。

此种设计方法在实际应用中的缺陷在于该方法的效果取决于大量设计参数的选取（如加权矩阵等），这些参数的任意性及选取目前尚没有统一的方法；目前的性能指标形式很难适应现代飞行控制系统的品质规范，很难把飞行控制系统的性能要求转化为设计用的性能指标等。这些问题限制了最优控制设计方法的广泛应用。

（二）LQG/LTR 方法

最优二次高斯/回路传递函数（LQG/LTR）方法近年在学术界及工业界均很流行。线性二次高斯（LQG）最优控制方法是一种基于状态观测器的线性最优控制方法，能处理有附加噪声影响或状态不能直接测量的线性系统控制问题，但状态观测器的引入将使系统的稳定裕度减小。由此提出了一种 LQG 的回路传输恢复技术（LQG/LTR），它综合了线性二次型调节器和线性时不变 Kalman 滤波器的鲁棒特性，能在系统的输出端得到所需要的回路传输恢复增益。

该控制方法具有良好的动态品质，并具有干扰抑制能力，特别是对干扰信号能表示成噪声的系统模型，从而使系统具有较好的鲁棒性和稳定性。

美国研究机构在实现短距离起降及机动技术验证机的综合飞行/推进控制系统设计时，采用经典方法设计了横侧向电传操纵系统，而对纵向的某些模态的控制律设计则采用了 LOG/LTR 方法。

（三）非线性系统动态逆设计方法

近年来，国际上围绕第四代歼击机提出了“超机动性”，即“过失速机动”的新概念。这种超机动方式并不要求很高的过载，它是靠拉大迎角并绕速度矢量滚转以获得快速机头转向或快速机身瞄准能力。超机动能力有利于快速发射和回避格斗导弹，能有效地攻击敌机和保存自己。这种机动需要突破失速禁区，涉及大范围非线性、非定常气动力及强耦合问题，飞机的运动方程已完全是多自由度非线性方程，要求飞机必须采用非线性模型进行控制律的有效设计。在众多非线性设计方法中，利用动态逆实现反馈线性化，是一种正在兴起的方法。

非线性动态逆综合控制系统的实质，是利用非线性逆和非线性函数对消被控对象的非线性，从而构成全局线性化；然后，在伪线性系统的基础上通过相应的反馈及其增益，以实现所需的系统响应。非线性动态逆控制器本质上属于非线性控制器，包含非线性和线性两部分，其中非线性部分用以对消被控对象的非线性，线性部分用以实现所需系统响应。

尽管近年来，不确定非线性系统控制方法的研究取得了很大的进展，但由于不确定非线性系统控制方法的研究还处于发展研究阶段，有待进一步研究的主要包括以下方面（前面所介绍的一般控制方法都有其优缺点，如何将两种或两种以上的现有控制方法的优点结合起来形成一种新的有效控制方法，是当今对不确定非线性系统控制方法研究的一个重要方面）。

一是如何将神经网络运用到控制方法的设计之中，并考虑如何提高神经网络的在线运算速度及其硬件实现，是今后对不确定非线性系统控制方法研究的热点。

二是将最优控制和不确定非线性系统的控制方法有机结合，使不确定非线性系统具有稳定鲁棒的同时具有性能鲁棒，并且达到我们所期望的性能指标，也是不确定非线性系统控制方法设计时所要考虑的重要方面。

三是时滞不确定非线性系统在实际系统中也大量存在，如何对具有时滞的不确定非线性系统进行有效控制，也是今后所要研究的重要方面。

四是由于扰动在控制领域也广泛存在，因此如何对具有匹配条件扰动和非匹配条件扰动的不确定非线性系统设计鲁棒控制器也值得关注。

五是为了将先进的不确定非线性系统控制方法应用于实际控制之中，将其从连续系统推广到离散系统和随机系统等领域进行设计研究，也是对不确定非线性系统研究的一个重要方向。

由于在现代控制中大量存在不确定非线性关联大系统控制方面的问题，并且由于其实现的可靠性和经济性，因此对不确定非线性关联大系统的控制方法的研究，在实际应用中也尤为重要。

（四）QFT（定量反馈理论）方法

定量反馈理论（QFT）是以色列学者 Issac. M. Horowitz 教授于 20 世纪 60 年代提出的一种频率域鲁棒控制系统设计思想。它是一种基于频域的鲁棒控制理论，将频域设计思想推广到了对不确定对象的鲁棒控制律设计，将被控对象的不确定范围和闭环系统性能指标用定量的方式在 Nichols 图上形成边界，进而以开环频率曲线满足边界条件为要求，对系统进行设计与综合。

QFT 适用于非线性、时变及多变量系统的设计，是一种与工程应用距离较近的理论和设计方法。QFT 本质上是针对线性时不变单输入单输出系统进行设计的，对于 MIMO 系统，设计过程较为烦琐。如何采用简单有效的方法将 MIMO 系统转化为多个 SISO 系统，是 MIMO 系统 QFT 研究的重点。特征结构配置（Eigenstructure Assignment，EA）是一种有效的解耦方法，采用 EA 使 QFT 设计推广到 MIMO 系统，使设计结果兼备稳定鲁棒性和性能鲁棒性。QFT 较 H_∞ 等鲁棒控制方法考虑的不确定性的范围要大得多，更适合飞行控制系统设计。

（五）特征结构配置方法

由线性系统理论可知，线性系统的响应不仅与系统的特征值有关，而且与系统的特征向量有关，因而线性系统的特征结构（包括特征值和特征向量）配置设计比单纯的极点配置设计更能把握系统的性能。

特征结构配置方法的研究始于20世纪60年代。1976年，Woonham和Moore阐述了全状态反馈中特征配置中反馈矩阵存在的问题。对于精确特征向量不存在的系统，也提出了最可到达配置方法加以解决。目前，特征结构配置法已成为系统设计最常用的方法之一，并得到了广泛的应用。Andary等学者最先将其应用于飞行控制系统的设计。该方法已在波音767侧向飞行控制系统设计中获得了成功应用。空中客车A320的横侧向控制律的内回路也使用了特征结构配置，用来提高荷兰滚的阻尼和产生一个中性的螺旋模态并限制发动机失效时的横侧向状态摄动。最为重要的是，美国新的隐身轰炸机B-2采用特征结构配置方法设计了横侧向控制律，并获得了好评。

特征结构配置属于多变量系统设计方法，着重于闭环系统的内部结构，关注闭环特征值的位置和闭环特征方向的方向。它是一种基于时间域的多变量系统设计方法，提供了模态分解手段，所以在解耦控制中非常有用。特征结构配置设计方法是设计人员根据飞机飞行品质要求直接选择适当的特征值和特征向量以达到期望的性能。在飞机的特征结构配置设计方法中，特征值用于保持闭环系统的稳定，特征向量用于动态响应的解耦，二者一起保证系统的动态性能。不同于常用的极点配置法，特征结构配置不但配置闭环系统的极点，而且还可把握它们的重数并同时配置闭环特征向量，因而可以更加准确地掌握系统的性能。特征结构配置的另一个优点在于，通过适当选取设计参数，可以实现具有特定性能的控制系统。特征结构配置方法不仅可以更加准确地掌握系统的性能，还提供了系统设计中的全部自由度，可以作为线性系统设计的一种基本的参数优化方法。它是一种基于时间域的多变量系统设计方法，提供了模态分解手段，所以在解耦控制中非常有用。

特征结构配置设计方法是设计人员根据飞机飞行品质要求直接选择适当的特征值和特征向量以达到期望的性能。

（六）神经网络自适应控制

神经网络自适应控制系统是基于自适应的基本原理，利用神经网络的特点和理论设计而成的，发挥了自适应与神经网络各自的长处。自适应控制可保证在被控对象结构参数和初始条件发生变化时，能够自动地解得最优工作状态；神经网络对于复杂不确定问题的自适应能力，可以用作控制系统的补偿环节和自适应环节。专家应用非线性自适应方法和神经网络针对高精度 F-16 模型设计跟踪控制器，仿真结果表明，在参数未知和作动器故障的情况下控制律达到闭环稳定性。

神经网络自适应控制还存在以下两个问题需要探讨。

一是稳定性问题。控制对象一般是具有严重非线性和不确定性的复杂系统，而神经网络本身又是一个大规模非线性系统。因而，神经网络自适应控制具有更为复杂的动力学特性，其稳定性分析难度极大。

二是鲁棒性问题。目前对于非线性控制系统的鲁棒性的许多研究结果还很难应用到实际工程中去，针对神经网络自适应控制系统的鲁棒性研究更是具有相当难度。

三、现代飞行控制系统的主要控制方法

目前，飞行控制系统的主要控制方法有以下几种。

一是数值优化法。数值优化法根据飞机所要完成的机动动作的要求，建立目标函数及约束条件，通过求极值求解来解出飞机的飞行控制律，完成控制系统的设计。

二是增益预置方法。增益预置方法是当前最常规的飞行系统设计方案。它首先将飞机从概念上分成几个单独的操作区域或飞行条件，

且对于每个特定的区域采用一个比较精确的线性模型描述飞机的运动，同时运用现代控制理论设计控制器，以满足闭环系统的要求，采用这种方法所设计的各区域的控制器在形式上相同而参数不同。为实现飞机在全包线内的飞行控制，常采用插值策略把各个单独的控制器结合起来。

三是动态逆设计方法。非线性动态逆设计方法在理论上已比较成熟，并广泛地应用于飞行控制系统的设计。该方法要求系统的输入和输出变量数目相同，在飞行控制系统设计中，可通过两个时间尺度来解决。根据飞机运动的特点，将描述飞机运动的状态变量按时间尺度分为快变化状态变量和慢变化状态变量：快变化变量 P，q，r(角速度）由操纵面（副翼、升降舵、鸭翼、方向舵）和法向及横侧向推力矢量（WC）来控制。快变化状态控制器设计完后，用同样的方法，以快变化状态变量为输入来设计慢变化状态控制器，进而控制角度等慢变化变量。由于动态逆控制要求系统方程必须已知而且系统模型被精确建立，这在很大程度上限制了非线性动态逆的应用。为了提高动态逆控制的精度，消除模型误差，提高系统鲁棒性，目前主要研究用神经网络、干扰观测器进行在线补偿。

四是微分几何方法。运用微分流型概念，借助于构造微分同胚变换和反馈变换来实现非线性系统的完全精确线性化，然后运用成熟的线性理论知识进行控制器的设计，从而达到对原非线性系统的稳定控制。这种控制方法能直接应用于飞行控制系统的设计，这方面的文献也很多。但这些设计均是基于存在有精确对象模型基础上的，因而鲁棒性能较差。

五是变结构控制设计方法。变结构控制系统的设计关键是在于切换面函数的选取使系统在切换面上的滑动模态具有良好的品质，以及确定不连续控制以保证所有相轨迹均向切换面趋于有限时间内到达。

对具有作动器饱和问题的飞行控制系统具有良好的控制效果，且飞行控制系统的鲁棒性能易于分析。

六是鲁棒自适应控制方法。由于新一代歼击机根据作战需要具有各种机动性能，这就决定了其数学模型不可能采用小扰动线性化方法所建立的数学模型。当飞机进行过失速机动时，迎角和角速率都相当大，气动力和力矩均进入非线性范围，飞机三个轴的惯性动力学严重耦合，其运动方程完全是六自由度的非线性方程。因此对歼击机进行飞行控制，就是对不确定非线性系统进行有效控制。而鲁棒自适应控制方法作为不确定非线性系统的一种有效控制方法，在飞行控制系统设计中得到了广泛研究。

七是预测控制方法。预测控制是基于预测模型的不确定非线性系统的一种控制方法。因为预测控制能将非线性不确定系统作为预测模型，因此它打破了传统控制中对模型结构的严格要求，比理想条件下的最优控制更加实际和有效，在飞行控制系统设计中受到越来越多的关注。

四、传统方法的局限和不足

飞行控制系统主要有两种设计方法，即以频域方法及根轨迹方法为代表的古典方法和现代控制理论方法。传统飞行控制系统设计采用增益调参来补偿系统的非线性，即在飞行全包线内将飞机模型按几个特定的飞行状态线性化，针对每一个飞行状态设计线性控制器，然后再用插值策略使 PID 参数在设计时选定的有限个线性模型之间连续变化。

这种方法的主要优点是在线计算相对较少，可以直接应用许多综合技术，如古典 PID 控制、线性二次校正器理论、模型跟踪、特征结构配置等。虽然增益调参控制有许多成功应用，但也存在以下明显的不足。

一是缺乏完善的理论分析，尽管局部点可以有很好的反馈性能，但并不一定能在全局范围内满足稳定性、鲁棒性和局部点性能指标的要求，只有通过大量的计算机仿真来保证闭环系统的性能。

二是线性化模型是近似的，忽略了飞机模型的不确定性和未建模特性。

三是线性控制器设计中使用的性能参数可能并不体现飞机系统的实际性能。

四是依赖飞行动力学模型。模型的建立依赖风洞实验或飞行测试，实验数据的获得通常是一个冗长的反复迭代的过程，周期长，成本高。

作为经典控制方法之一的增益调参法在飞行控制系统设计中占有举足轻重的地位，它的优点是不需要大量的在线实时计算，可以应用经典根轨迹控制、线性二次型、极点配置等一系列综合控制技术。这一方法虽然被广泛地应用，但仍然存在一些不足，如在线性化模型时忽略了模型不确定性因素产生的影响，不能保证在全局范围内满足鲁棒性和稳定性指标的要求，此外确定控制律中的参数还需要大量的仿真和迭代计算。

最优控制方法的主要思想是在一定约束条件下在所有可能的控制方案中选择控制最优的方法，使得系统的性能指标取得极值。建立受控对象模型、给出控制量的取值范围和一个评价性能的指标是解决最优控制问题的主要工作。

极大值原理、动态规划以及古典变分法是解决最优控制问题的主要研究方法。

由于飞机运动的复杂性和实现所要求的性能，现代飞机电传操纵系统主要采用多回路涡合的控制规律，利用飞机及不同子系统状态反馈，产生对不同控制面的控制指令，形成了不同控制回路之间的相互影响涡合。但在过去和当前，多数飞行控制系统的控制律主要还是采用经典的单回路频域或根轨迹方法进行设计。这种方法对单回路及多回路控制问题已经获得成功的应用，并为工业界所接受。

但随着飞机结构变得更加复杂、新的控制舵面和矢量推力等技术的应用，飞机的动态变得非常复杂，各运动模态之间的涡合更加密切。控制系统变得更加复杂，常为多输入多输出系统，这些都使得常规的单回路设计方法难以完成相应的飞行控制设计。常规单回路设计方法在飞行控制系统中的缺陷主要表现在：第一，控制系统的多输入多输出，常规的单回路方法难于处理、协调；第二，飞行控制系统变得越来越复杂，使设计也变得复杂、困难，进展缓慢；第三，现代飞机要求的大机动飞行，飞机的非线性难于按常规方法进行线性化处理。

第二章　作战效能评估方法

第一节　攻击型无人机效能分析

一、概念辨析

评估攻击型无人机系统效能（System Effectiveness）是在非战争条件下评价攻击型无人机优劣的主要方法。所谓系统效能，可以表述为“预期一个系统能满足一组特定任务要求程度的量度”。由于研究目的、研究范围等的不同，不同的研究人员和研究机构对系统效能的定义不完全相同，但这些定义一般都包含三条基本信息（前提是一个具有准确描述的系统）：一是系统具有预期的任务；二是系统在预期的使用条件下执行任务；三是对系统完成任务能力进行适当度量。

为了评价、比较不同的攻击型无人机，或是在无人机研制初期进行方案权衡时，必须采用一定的定量研究方法对攻击型无人机的系统效能进行定量度量，这种定量尺度是系统效能指标或系统效能度量。对无人机系统效能所进行的分析、研究和定量计算工作称为无人机系统效能的评估。

对攻击型无人机的系统效能进行评估主要包含以下四个方面：一是不同型号攻击型无人机间进行对比；二是攻击型无人机效费分析；三是设计方案评价；四是现有攻击型无人机改进计划。要使攻击型无人机改进计划达到预期目标，必须对现有攻击型无人机以及不同改进方案进行系统效能评估，选择具有较高费用效能的方案，从而保证改进工作的有效性。

在讨论攻击型无人机或者其他武器系统的效能问题时，经常会遇到“系统效能”和“作战效能”两种不同的提法。在武器系统的效能和效费分析中，系统效能与作战效能的概念和适用范围是不尽一致的。

武器系统的系统效能是系统预期达到一组专门的任务要求的程度的度量，而且是系统可用性、可信性及固有能力的函数。系统效能模型中应用最广泛的是美国工业界武器系统效能咨询委员会建立的ADC系统效能模型。ADC模型将可靠性、维修性和保障性等因素综合为可用性指标效能，将任务可靠性和生存力等因素综合为可信性指标效能，将武器系统的各种分项能力综合为固有能力指标效能，并认为系统效能E是这三个指标效能的进一步综合。

武器系统的系统效能是规划、论证和研制武器装备的基本依据，是评价武器系统优劣的最重要的综合性指标。在武器系统的效费分析中经常使用系统效能。

武器系统的作战效能又称作战使用效能，是指武器系统在作战运用中所具备的作战能力，其评估结构可以作为ADC模型中的“C”使用。作战效能模型综合考虑了武器系统直接与作战能力相关的火力、机动能力、探测能力和防护能力等项内容，是武器装备发展论证、军事实力分析、武器装备编配、装备体系发展以及优化军队编制体制等方面所必需的决策依据。

出于一定的研究目的，在武器系统效费分析中，也可以采用武器的作战效能作为输入参数。图 2-1 和图 2-2 分别是作战攻击型无人机系统的系统效能和作战效能的影响因素关系图。

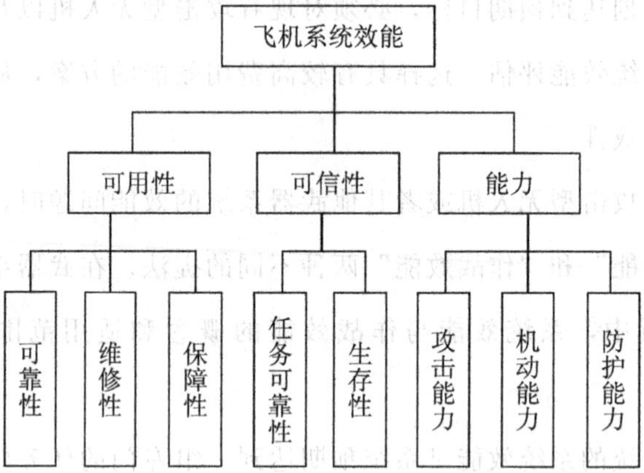

图 2-1　攻击型无人机系统效能的层次关系

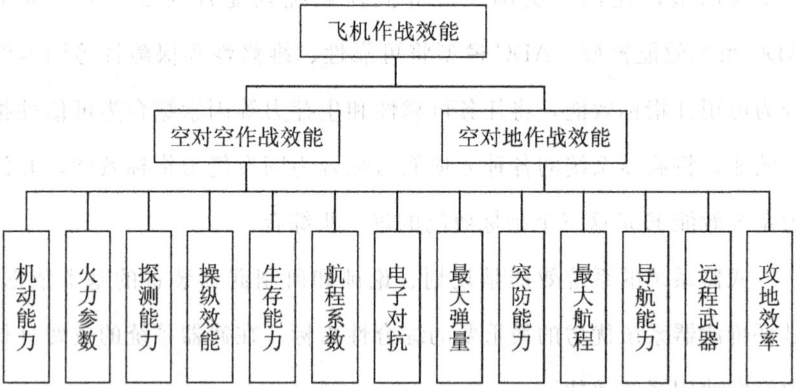

图 2-2　攻击型无人机作战效能的层次关系

二、系统效能评估模型

系统效能作为整个武器系统完成其任务剖面能力的度量，适用于不同的武器系统。出于不同的研究目的，人们给出了系统效能的不同定义，并采用各种不同的模型研究系统效能。这里仅介绍三种比较成熟的系统效能模型。

（一）ARINC 系统效能模型

ARINC（航空无线电公司）是最早进行系统效能研究的机构之一，对于系统效能的概念及其描述较为清晰。该公司采用概率度量来研究系统效能，认为系统效能是在给定的时间内和规定的条件下工作时，能成功地满足某项工作要求的概率。这一概念包含 5 方面的含义：第一，能够用概率度量；第二，与工作性能有关；第三，是时间的函数；第四，是系统使用环境或条件的函数；第五，可能随完成的任务的变化而变化。按照 ARINC 的系统效能模型，系统效能为：

$$E=PE=POR\times PRM\times PDA$$

式中：E 为系统效能；POR 为战备完好率；PRM 为任务可靠概率（任务可靠度）；PDA 为设计恰当概率。

（二）美国海军系统效能模型

在美国海军提出的系统效能模型中，系统效能由系统的三个主要特性（性能、可用性、适用性）组成。其可以表示为：在规定的环境条件下和规定的时间内，系统能够完成其给定任务的程度的度量。其中，三个主要特性的概念是：性能，表示能可靠正常地工作且在设计中所依据的环境下工作时完成任务目标的能力；可用性，是系统准备好并能充分完成其指定任务的程度；适用性，是在执行任务中该系统所具有的诸性能的适用程度。

所以，系统效能的数学描述是：在规定的工作条件下，在给定的期间内，系统能够成功地满足工作要求的概率。即：

$$E=P\times A\times U$$

式中：E 为系统效能；P 为系统性能指标，表示系统能力的数字指标，假设在实际工作中具有100%的系统性能的可用度及利用率；A为系统可用度指标，系统准备好并完满执行其规定任务所能达到的程度的数字指标；U为系统利用率指标，系统性能在任务完成期间被利用程度的数字指标。

（三）美国空军系统效能模型

武器系统效能工业咨询委员会（Weapon System Effectiveness Industry Advisory Committee，WSEIAC）是由当时的美国空军系统司令部建立的。该委员会对系统效能的定义是系统效能是系统预期达到一组专门的任务要求的程度的度量，而且是系统可用性、可信性及固有能力的函数。

这是应用最广泛的系统效能的模型，它将可靠性、维修性、保障性、生存力和固有能力等因素综合为可用性、可信性和固有能力三个指标效能，并认为系统效能是这三个指标效能的进一步综合。

对于这三个指标效能的定义分别是：可用性（availability），在某一随机时刻要求完成任务时，系统在任务开始时处于能工作和可投入使用状态的度量；可信性（dependability），在任务开始时可用度给定的情况下，在规定的任务剖面中的任一时刻，系统可工作并能够完成其规定功能的度量；能力（capability），系统在任务期间内所给定的条件下完成任务能力的度量。系统效能的表达式为：

$$E=A\times D\times C$$

式中：E为系统效能；A为可用度向量，在任务开始时系统各种状态的概率；D为可信度矩阵，描述任务完成期间状态转移的概率；C为固有能力矩阵，在给定的任务和系统状态下代表系统性能的概率矩阵。

所以，该模型基本上是三个矩阵的乘积，即可用度行向量A、可信度矩阵D及固有能力矩阵C的乘积。在多数情况下，系统可能处于不同的状态，即某一随机时刻可能处于一种状态，也可能处于另一种状态，假设状态数为 n，则可用度向量为：

$$A=(a_1, a_2, \cdots, a_n)$$

可信度矩阵是一个 $n \times n$ 的方阵：

$$D=\begin{bmatrix} d_{11} & d_{12} & \cdots & d_{1n} \\ d_{21} & d_{22} & \cdots & d_{2n} \\ \vdots & \vdots & & \vdots \\ d_{n1} & d_{n2} & \cdots & d_{nn} \end{bmatrix}$$

式中元素 d_{ij} 的意义定义为系统初始状态 i 经历任务期间预期的部分任务时间后转移到状态 j 的转移概率。如果系统输出在任务期间不是连续的，而要求仅在任务的特定点输出时，d_{ij} 定义为由初始状态 i 到要求输出时状态 j 的转移概率。C_j 表示在可能状态中，系统处于状态 j 时完成任务的概率或所能完成的任务量。

$$C=(C_1, C_2, \cdots, C_n)\ T$$

因此，攻击型无人机系统效能的计算为：

$$E=(a_1 \quad a_2 \quad \cdots \quad a_n) \times \begin{bmatrix} d_{11} & d_{12} & \cdots & d_{1n} \\ d_{21} & d_{22} & \cdots & d_{2n} \\ \vdots & \vdots & & \vdots \\ d_{n1} & d_{n2} & \cdots & d_{nn} \end{bmatrix} \times \begin{bmatrix} c_1 \\ c_2 \\ \vdots \\ c_n \end{bmatrix}$$

如果系统输出在执行任务期间不连续，则为：

$$E=(a_1 \quad a_2 \quad \cdots \quad a_n) \times \begin{bmatrix} d_{11}c_{11} & d_{12}c_{12} & \cdots & d_{1n}c_{1n} \\ d_{21}c_{21} & d_{22}c_{22} & \cdots & d_{2n}c_{2n} \\ \vdots & \vdots & & \vdots \\ d_{n1}c_{n1} & d_{n2}c_{n2} & \cdots & d_{nn}c_{nn} \end{bmatrix}$$

攻击型无人机系统效能评估模型通常以空军的 WSEIAC 模型为基础进行研究和分析。

（四）系统效能模型对比分析

美国海军的系统效能模型、空军的系统效能模型以及 ARINC 的系统效能模型在描述上不完全相同。尤其是海军模型的组成部分不如 ARINC 及空军的模型那样容易进行对比。实质上，海军模型中的 P、A、U 对应于空军模型的 C、A、D，如果对海军模型进行处理，还是可以使其与空军的模型一致起来，形如：

$$f(P, A, U) = f(PC, PT) = f(A, D, C)$$

式中：PC 为系统能力，设计良好度及系统性能降低的度量；PT 为详细的时间因变量，在给定利用率下可用度的度量。

分别对 ARINC 模型、海军模型以及空军模型的有关概念进行比较分析，可以发现三类模型都以串联模型描述系统效能，并且三部分分别是：任务开始时系统状态、任务期间系统状态以及任务结果。通过对这三个组成部分的描述和分析来研究攻击型无人机的系统效能。但是，三类模型对于系统效能及其组成部分的理解和描述是有差别的。

一是关于系统在任务初始时的状态。ADC 模型利用可用度来描述系统在任务初始时的状态，含义是在某一随机时刻要求完成任务时，系统在任务开始时处于能工作和可投入使用状态的度量。进行度量的基础是工作时间和停机时间（不包括任务时间），影响因素是可靠性、维修性以及保障性等。

ARINC 模型是利用战备完好率来描述系统在任务初始时的状态，含义是系统正在良好工作或需要时能立即投入工作的概率，用以描述系统在接到作战指令时响应其作战计划的能力。进行度量的基础是总日历时间，影响因素是可靠性、维修性和保障性。

海军模型中所定义的可用度与规定任务紧密联系，不仅仅要求可以投入工作，而是对系统提出了更高的要求。其影响因素除可靠性、维修性和保障性外，还包括安全性以及与执行任务有关的性能。

二是关于系统在任务期间的状态。ARINC 模型对任务期间状态利用任务可靠概率来描述，即任务可靠度。空军模型对任务期间状态采用可信性描述。主要包含两部分：任务可靠性及生存性。主要影响因素是健壮性、可维修性、安全性、敏感性以及易损性等。

海军模型采用系统利用率描述系统任务期间状态。主要影响因素包括系统的战术利用、环境利用、功能利用、保障系统利用等。

三是关于任务结果。ARINC 模型采用设计恰当概率描述任务结果。所关注的主要是系统在预期的设计条件下完成任务的期望。

ADC 模型利用作战能力描述任务结果。所强调的是系统为完成预期任务所应具备的战术、技术性能及其组织形式。

海军模型利用系统性能指标描述任务结果。通过对各项预期任务的完成程度来进行度量。

系统效能的模型仅仅是进行效能分析的基础。现实系统是由多个子系统组成并且其结构非常复杂，所处的可能状态更是复杂繁多；同时数据收集以及一些底层模型建立需要较长周期且耗费人力、物力。

三、作战效能评估模型

攻击型无人机作战效能的评估方法可分为五大类：解析计算法、空战仿真法、飞行性能对比法、专家评估法和试验统计法等。

在新机研制过程中，解析计算法由于公式透明性好、计算比较简单、能够进行变量间关系的分析、便于应用等特点使其广泛应用于战斗机作战效能评估和效费分析中。其缺点是考虑因素不一定全面，在限定的假设条件下有效，因而比较适用于不考虑对抗条件下的武器系统效能评估。

解析计算法按其计算特点和评估方式可分为参数计算法、概率分析法等。参数计算法是根据选用的参数直接计算出作战攻击型无人机的相对作战能力从而得出优劣的结论，是最常用的效能评估方法。解析计算法还可分为对数法、顺序评估法、相对值评估法、相对指数法和多参数（品质）分析法等，其中对数法应用最广。但是对数法存在一些“自然缺陷”，如权重问题、计算参数的选择问题、各分项能力间相关性问题以及规格化问题等。基于以上考虑，可以采用“综合指数模型”评估攻击型无人机作战效能。

四、效能模型的选择

在攻击型无人机效费分析中，效能模型的选取基本依照研究者的目的而定，模型可以是全面的，包括可用性、可信性和能力的系统效能模型，也可以是只考虑作战能力的作战效能模型，甚至是仅仅以某一项子能力的评估值作为效费分析的输入参数。

对于全新作战攻击型无人机的研制论证，最终要以系统效能作为效费分析的输入参数，输出关于整架攻击型无人机的系统的效费分析结论。但是在论证过程中出于一定目的，可以选用作战效能或者机动能力、火力等子性能进行中间分析或者敏感性分析。

对于改进、改型的作战攻击型无人机，论证者往往最关心的是通过对攻击型无人机某一子系统的改进、改型后，所使用的费用对该子系统的性能有多大提高。此时对于该子系统的效费分析结论就具有非常重要的意义。当然，在此之前通常还要进行系统效能和作战效能的敏感性分析，得出该子系统的改进对于整机效能影响程度大小。最后还要以整架攻击型无人机的系统效能作为输入参数得到综合的效费分析结论。

攻击型无人机系统效能评估一般采用 ADC 系统效能模型，作战效能评估方法可以根据实际情况选择一种方法（如选择综合指数模型)。如果选择空战仿真法，则可以选择多次空战仿真平均攻击型无人机损失比作为作战效能评估结果。

第二节　对地攻击型无人机效能评估建模

对地攻击存在不同的作战目标和组织方式，本节选用针对非时间敏感目标的战略轰炸这一典型对地攻击作战形式建立无人机对地攻击效能评估模型。

对地攻击型无人机的效能衡量要考虑很多参数。有的参数可以找到确切数据，有的则不能直接测量或统计，只能采用估算的方式，因此对地攻击型无人机的效能通常只能“评估”而不是直接计算。评估就会带来一定的经验判断成分。评估对地攻击型无人机的效能往往是为了与其他飞机进行对比，或者要估计完成一定任务所需的飞机数量。如果评估的目的是前者，则评估出来的效能只要是相对值即可。如果要估算出任务与飞机需求量，也只能是一个相对的关系。因为作战任务的种类很多，也很复杂，很难得出一个通用的“效能常数”。有些方法表面看其评价结果是绝对值，但实际上它仍然是相对值。由于效能评估会伴随不同程度人的主观评定因素，因此评估结果都或多或少有一定局限性，不存在完全公平和全面合理的评估结果。每种方法评估出来的效能值只在预定范围和假设条件内可信。

一、建模思路

对作战飞机系统效能评估应用最广泛的是美国空军系统效能模型。它将作战飞机的可靠性、维护性、保障性、生存能力和固有能力等因素综合为可用性（Svailability）、可信性（Dependability）、固有能力（Capability）三项指标效能，并认为系统效能是这三个指标效能的进一步综合。该模型简称为ADC模型。

在本书建模中，假设投入战场作战的攻击型无人机都是维护良好的、可用且可信的，因此对攻击型无人机的作战效能起决定性作用的是无人机的固有能力。可用性和可信性将不考虑在模型指标之中。

本书采用综合指数模型、专家评估法和BP神经网络三种方法对攻击型无人机对地攻击效能进行评估。

综合指数模型简单、明了，参数关系清晰，权值体现各项指标的重要程度，是应用最广泛的一种评估方法。

效能评估具有模糊性和不确定性等特点，符合专家评估特点。同时，在综合指数模型的各项指标中有些性能是很难量化的，这就使得应用该方法评估得到的结果可能偏离实际情况。而专家评估法可以利用专家的经验克服这一缺点。

专家评估消耗大量人力、物力和时间，组织和实施过程也比较复杂，很难做到对每一种型号都进行专家评估。因此，基于专家评估结论建立BP神经网络评估模型是一种简单有效的处理方法。

本书在假设作战攻击型无人机是可用且可信的基础上，针对非时效性战略目标轰炸为作战背景进行综合指数模型的分析建模和计算，并采用德尔菲法的专家评估法作为综合指数模型的补充。

德尔菲法是有关专家对攻击型无人机对地攻击能力的大小达成一致的结构性方法。使用该方法的目的是通过综合专家们各自的意见来预测某一攻击型无人机对地攻击的能力。

由于专家评估法每次的实施都需要组织多位专家进行多轮长时间的评估才能达到比较满意的结果，实施的过程需要消耗大量的财力、物力，因此对每一特定的问题都组织专家评估的方法是很麻烦且不实际的。

依据 BP 神经网络自学习的功能对专家评估的结果进行自学习，然后根据学习的结果进行预测的方法更加符合实际的需要。因此，本书在专家评估结果的基础上，提出了 BP 神经网络方法对新攻击型无人机的对地攻击效能进行评价。

二、综合指数模型

（一）指标体系的构造

一是独立性。系统效能评估指标由一系列相互紧密关联的指标组成。这些指标的划分是相互独立的，并且同一层次的指标必须不能有重叠区间，还要不存在横向的因果关系。对于要求指标的独立性，可避免重复计算，减少不必要的评估指标，提高评估的效率。

二是完整性。对于系统作战效能评估指标，要能够反映任务特征，以及描述任务的完成程度，应使其尽可能地涵盖各个方面，而不遗漏指标，从而可以更全面、正确地体现系统的效能。当然，这种系统效能评估指标的整体完备性只是相对的，如编队攻击作战的任务不相同，则有些因素对任务完成的影响程度也不同，所以在实际评估时，允许省略一些指标中虽然有影响但属于次要的因素以提高评估效率。

三是层次性。系统效能评估指标是分层次的，只有一个层次的指标很难对系统能力做出精确的评定。整个指标构成一个树状的结构，上一层指标应为下一层指标的概括，下一层指标应为上一层指标的具体体现。

四是科学性。系统效能评估指标作为无人机对地攻击效能的评估标准，对无人机对地攻击的作战效能的定量分析具有十分重要的意义。建立效能评估指标应当选择合适的效能指标，如果选用了不恰当的效能指标，往往得到的结果很难反映真实的实际效能。

另外，在建立系统效能评估指标时，应尽可能地使下层指标能够量化，即下层指标建模计算后得到一个物理意义很明确的数据，而不是一组数据，这样才能进行估算和评价。最后，建立的系统效能评估指标体系的大小要合适，意思明确，分层也要适当。

基于空战理论和作战任务，构建无人机对地攻击作战效能评估指标体系。该指标体系分为以下四层。

第一层为无人机对地攻击作战指标体系层；第二层包括无人机的基本效能和无人机的对抗效能；第三层包括无人机的有效性、可靠性、固有能力、突防能力和生存能力；第四层包括无人机的故障率、维修性、可靠性、雷达能力、数据链能力、对地攻击能力、指挥决策能力、飞行包线范围、机动性、火力对抗能力、电子战能力、隐蔽性和抗损性。

无人机对地攻击作战指标体系如图 2-3 所示。

从攻击型无人机对地攻击作战指标体系图可以看出，攻击型无人机的各项能力之间的相互影响是十分复杂的，这种交叉影响为攻击型无人机的对地攻击效能评估带来了巨大的麻烦。为了全面、完整、不重复地评估攻击型无人机的对地攻击能力，本书选用攻击能力、数据链能力、雷达能力、控制决策能力、突防能力和生存能力 6 项指标作为独立地指标对无人机的对地攻击能力进行评价。而把各项指标间复杂的影响关系体现在更低层次指标的量化建模过程中。

这种把指标间复杂的影响关系向下层指标表现的处理方式，使得总体评估模型显得更加简洁，无人机的各项能力在对地攻击效能中的作用能够独立地表现出来，便于设计和应用部门直观、清楚地分析。

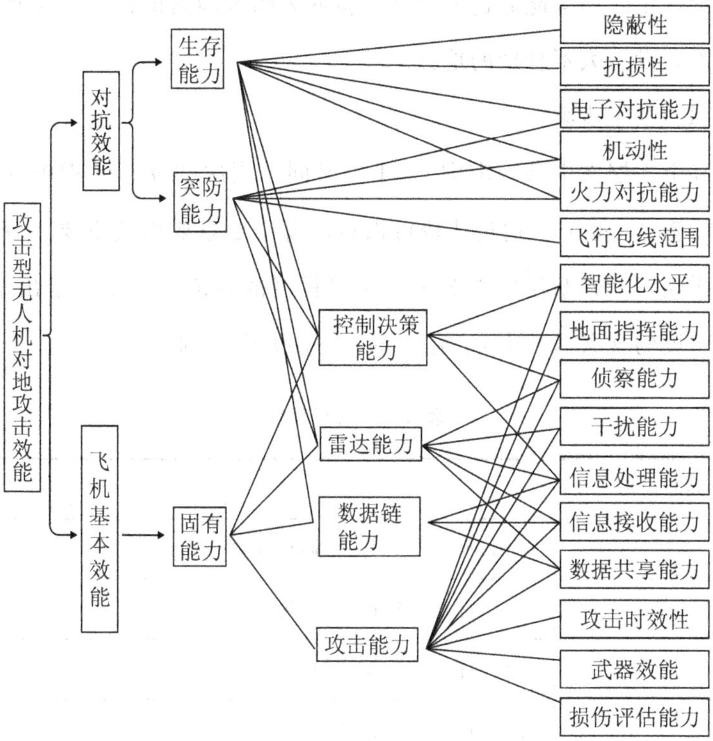

图 2-3　攻击型无人机对地攻击作战指标体系

（二）权重系数的确定

本书采用层次分析法建立攻击型无人机对地作战效能评估模型。层次分析法是一种实用的多准则决策方法，该方法灵活、简明，具有定量和定性相结合分析各种决策因素的特征。其基本思路是根据问题的本质和最终要达到的目的，分解出问题的若干组成因素，并按它们之间的从属关系，将各因素分层，构成一个层次化模型体系，然后逐层分析，专家评比时只需对同层中各因素进行两两比较，确定同一层次中诸因素的相对重要性，然后综合专家的判断，决定各因素相对重要的顺序。采用此方法会比凭借经验定出的权系数更科学。另外，对方案进行效能评估时要进行一致性检验，由于因素较多，可能会出现矛盾的评论。如果能通过一致性检验就表明各因素的评价顺序是相当一致的，没有太不合理的地方。

(1) 基本步骤

在上一层次中某一准则 C_k 下，对同一层次的 n 个元素中的任意两个元素 A_i 和 A_j，通过比较可以得出哪个更重要以及重要多少。目前多采用 1-9 判断尺度作为赋予重要程度的数值。表 2-1 给出了1-9判断尺度的含义（其中 C_k 为 A 的上一层判断准则）。

表 2-1 判断尺度

判断尺度	定　义
1	对 C_k 而言，A_i 与 A_j 同样重要
3	对 C_k 而言，A_i 比 A_j 稍为重要
5	对 C_k 而言，A_i 比 A_j 重要
7	对 C_k 而言，A_i 比 A_j 重要得多
9	对 C_k 而言，A_i 比 A_j 绝对重要
2，4，6，8	其重要程度介于上述两相邻判断尺度之间
倒数	因素 i 与 j 判断比较得 a_{ij}，因素 j 与 i 比较判断 $a_{ji}=1/a_{ij}$

对于 n 个元素，由表 2-1 可以得到两两判断矩阵 A。

$$A=\begin{bmatrix} a_{11} & a_{12} & \cdots & a_{1n} \\ a_{21} & a_{22} & \cdots & a_{2n} \\ \vdots & \vdots & & \vdots \\ a_{n1} & a_{n2} & \cdots & a_{nn} \end{bmatrix}$$

简写为 $A=(a_{ij})\ n\times n$。

判断矩阵 A 具有如下性质：任意元素 $a_{ij}>0$；$a_{ji}=1/a_{ij}$；主对角线元素等于 1，即 $a_{ii}=1$。

矩阵 A 中元素不一定具有传递性，即 $a_{ij}\times a_{jk}=a_{ik}$ 不一定成立，如果成立，则称 A 为一致性矩阵。在由判断矩阵导出元素排序权重时，一致性矩阵具有重要意义。

（2）计算单一准则下的相对权重

计算单一准则 C_k 下 n 个元素 A_1，A_2，…，A_n 的排序权重，并进行一致性检验。具体就是求判断矩阵 A 的最大特征根 $\lambda_{\max}$ 对应的最大特征向量 W，表达式为：

$$A\cdot W=\lambda_{\max}\cdot W$$

特征向量经归一化后即可作为在准则 C_k 下 n 个元素 A_1，A_2，…，A_n 的排序权重。

在求出和后，要进行一致性检验。首先要计算一致性指标 CI：

$$CI=\frac{\lambda_{\max}-n}{n-1}$$

然后查出平均随机一致性指标 RI，RI 值随参数量 n（判断矩阵 A 的阶数）变化，见表 2-2。

表 2-2　平均随机一致性指标 *RI*

n	1	2	3	4	5	6	7	8	9	10
RI	0.00	0.00	0.58	0.96	1.12	1.24	1.32	1.41	1.45	1.49

最后计算随机一致性指标：

$$CR=CI/RI=(\lambda_{\max}-m)/[(m-1)\times RI]$$

当 $CR\leqslant 0.1$ 时，一般认为判断矩阵的一致性是可以接受的。

在无人机对地攻击效能评估指标体系中，各指标可分为极小型指标和极大型指标。有的指标有单位，有的指标没有单位。因此在对生存力进行评价之前，必须对指标进行公度化处理。当指标 U_j 为极大型时，其无量纲指标为：

$$x'_{ij}=\frac{x_{ij}-x_{\min j}}{x_{\max j}-x_{\min j}}\quad(i=1,2,\cdots,n)$$

当指标 U_j 为极小型，其无量纲指标为：

$$x'_{ij}=\frac{x_{\max j}-x_{ij}}{x_{\max j}-x_{\min j}}\quad(i=1,2,\cdots,n)$$

(3) 权重系数的计算

根据专家打分，建立指标体系中各层判断矩阵 C_{ij}，以下为六个主要因素层的判断矩阵。

$$C_{ij}=\begin{bmatrix}1 & 4 & 4 & 4 & 1/3 & 1/3\\ 1/4 & 1 & 3 & 3 & 1/3 & 1/3\\ 1/4 & 1/3 & 1 & 1/3 & 3 & 3\\ 1/3 & 1/3 & 3 & 1 & 1/2 & 1/2\\ 3 & 3 & 1/3 & 2 & 1 & 3\\ 3 & 3 & 1/3 & 2 & 1/3 & 1\end{bmatrix}$$

C_{ij} 中的各元素表示第 i 个指标对第 j 个指标的影响程度，这里设 C_1 为雷达能力指标；C_2 为攻击能力指标；C_3 为突防能力指标；C_4 为生存能力指标，C_5 为数据链能力指标；C_6 为控制决策能力。通过将各指标进行两两比较，分别得出它们在同层中所占的比重。进而求出特征向量：

[0.489 8 0.301 3 0.398 0 0.245 4 0.536 0 0.404 3]

得出各个指标的权重为：

[0.206 2 0.126 9 0.167 6 0.103 4 0.225 7 0.170 3]

由于本书采用层次分析法进行问题处理，故还要根据求得的 $\lambda_{\max}$ 来进行一致性检验。设一致性为 CR，则：

$$CR=\frac{\lambda_{\max}-n}{(n-1)\,RI}$$

式中：RI 为平均随机一致性指标；n 为同层指标个数，则对应的 RI 为 1.24，在同一层中有 6 个主要指标，所以 n 取值为 6 并带入方程 CR 中，计算得出，表明上述评比的一致性很好。权重系数见表 2-3。

表 2-3　各层指标权重系数

能力指标	权系数	能力指标	权系数
攻击能力 G	0.126 9	突防能力 T	0.167 6
控制决策能力 K	0.170 3	生存能力 Sc	0.103 4
雷达能力 L	0.206 2	数据链能力 Sj	0.22

三、两种综合指数模型

（一）指数耦合效应下放模型

如前文所述，把各指标之间的相互影响体现在更下一层次指标的建模过程中，这种处理方式下无人机对地攻击总效能评估的综合指数评价模型为：

$$E=\varepsilon L+\varepsilon_2 Sj+\varepsilon_3 T+\varepsilon_4 Sc+\varepsilon_5 G+\varepsilon_6 K$$

式中：E 为无人机对地攻击的总效能；L 为雷达能力指标；Sj 为数据链力指标；T 为突防能力指标；Sc 为生存力指标；G 为攻击能力指标；K 为指挥决策能力指标。

（二）指数耦合模型

把各指标之间的相互影响体现在指标计算总效能的计算中，这种处理方式下无人机对地攻击总效能评估的综合指数评价模型为：

$$E=f\ (G,\ Sj,\ L,\ K,\ T,\ Sc)$$

（三）两种处理方法的比较

对于以上两种处理方法，有如下的引理。

引理：综合指数模型中各指数间的耦合在哪一层次中体现，评估效果是等价的。

引理证明：为了叙述方便，定义如下向量：

$$X=[G\quad Sj\quad L\quad K\quad T\quad Sc]^T$$
$$X_0=[G_0\quad Sj_0\quad L_0\quad K_0\quad T_0\quad Sc_0]^T$$

指数耦合效应下放模型为 $E_1=\varepsilon_1 L+\varepsilon_2 Sj+\varepsilon_3 T+\varepsilon_4 Sc+\varepsilon_5 G+\varepsilon_6 K$，式中：

$$L=g_1\ (X),\ Sj=g_2\ (X),\ T=g_3\ (X)$$
$$Sc=g_4\ (X),\ G=g_5\ (X),\ K=g_6\ (X)$$

各指标之间的相互影响体现在指标计算总效能的计算中，模型为：

$$E_2=f\ (G,\ Sj,\ L,\ K,\ T,\ Sc)\ =f\ (X)$$

E_2 的一阶泰勒展开式为：

$$E_2=f(X_0)+\frac{\partial f}{\partial G}(G-G_0)+\frac{\partial f}{\partial Sj}(Sj-Sj_0)+\frac{\partial f}{\partial L}(L-L_0)+\frac{\partial f}{\partial K}(K-K_0)+\frac{\partial f}{\partial T}(T-T_0)+\frac{\partial f}{\partial Sc}(Sc-Sc_0) \quad (1)$$

指数耦合效应下放模型中的 L＝g_1（X）部分进行异界泰勒展开为：

$$L = g_1(X_0) + \frac{\partial g_1}{\partial G}(G - G_0) + \frac{\partial g_1}{\partial Sj}(Sj - Sj_0) + \frac{\partial g_1}{\partial L}(L - L_0)$$

$$+ \frac{\partial g_1}{\partial K}(K - K_0) + \frac{\partial g_1}{\partial T}(T - T_0) + \frac{\partial g_1}{\partial Sc}(Sc - Sc_0)$$

同理可得：

$$Sj = g_2(X_0) + \frac{\partial g_2}{\partial G}(G - G_0) + \frac{\partial g_2}{\partial Sj}(Sj - Sj_0) + \frac{\partial g_2}{\partial L}(L - L_0)$$

$$+ \frac{\partial g_2}{\partial K}(K - K_0) + \frac{\partial g_2}{\partial T}(T - T_0) + \frac{\partial g_2}{\partial Sc}(Sc - Sc_0)$$

$$T = g_3(X_0) + \frac{\partial g_3}{\partial G}(G - G_0) + \frac{\partial g_3}{\partial Sj}(Sj - Sj_0) + \frac{\partial g_3}{\partial L}(L - L_0)$$

$$+ \frac{\partial g_3}{\partial K}(K - K_0) + \frac{\partial g_3}{\partial T}(T - T_0) + \frac{\partial g_3}{\partial Sc}(Sc - Sc_0)$$

$$Sc = g_4(X_0) + \frac{\partial g_4}{\partial G}(G - G_0) + \frac{\partial g_4}{\partial Sj}(Sj - Sj_0) + \frac{\partial g_4}{\partial L}(L - L_0)$$

$$+ \frac{\partial g_4}{\partial K}(K - K_0) + \frac{\partial g_4}{\partial T}(T - T_0) + \frac{\partial g_4}{\partial Sc}(Sc - Sc_0)$$

$$K = g_6(X_0) + \frac{\partial g_6}{\partial G}(G - G_0) + \frac{\partial g_6}{\partial Sj}(Sj - Sj_0) + \frac{\partial g_6}{\partial L}(L - L_0)$$

$$+ \frac{\partial g_6}{\partial K}(K - K_0) + \frac{\partial g_6}{\partial T}(T - T_0) + \frac{\partial g_6}{\partial Sc}(Sc - Sc_0)$$

$$G = g_5(X_0) + \frac{\partial g_5}{\partial G}(G - G_0) + \frac{\partial g_5}{\partial Sj}(Sj - Sj_0) + \frac{\partial g_5}{\partial L}(L - L_0)$$

$$+ \frac{\partial g_5}{\partial K}(K - K_0) + \frac{\partial g_5}{\partial T}(T - T_0) + \frac{\partial g_5}{\partial Sc}(Sc - Sc_0)$$

定义：

$$P_0 = g_1(X_0) + g_2(X_0) + g_3(X_0) + g_4(X_0) + g_5(X_0) + g_6(X_0)$$

$$Q_5 = \frac{\partial g_1}{\partial G} + \frac{\partial G_3}{\partial G} + \frac{\partial g_4}{\partial G} + \frac{\partial g_5}{\partial G} + \frac{\partial g_6}{\partial G}$$

$$Q_2=\frac{\partial g_1}{\partial Sj}+\frac{\partial g_2}{\partial Sj}+\frac{\partial g_4}{\partial Sj}+\frac{\partial g_5}{\partial Sj}+\frac{\partial g_6}{\partial Sj}$$

$$Q_1=\frac{\partial g_1}{\partial L}+\frac{\partial g_2}{\partial L}+\frac{\partial g_3}{\partial L}+\frac{\partial g_4}{\partial L}+\frac{\partial g_5}{\partial L}+\frac{\partial g_6}{\partial L}$$

$$Q_6=\frac{\partial g_1}{\partial K}+\frac{\partial g_2}{\partial K}+\frac{\partial g_3}{\partial K}+\frac{\partial g_4}{\partial K}+\frac{\partial g_5}{\partial K}+\frac{\partial g_6}{\partial K}$$

$$Q_3=\frac{\partial g_1}{\partial T}+\frac{\partial g_2}{\partial T}+\frac{\partial g_3}{\partial T}+\frac{\partial g_4}{\partial T}+\frac{\partial g_5}{\partial T}+\frac{\partial G_6}{\partial T}$$

$$Q_4=\frac{\partial g_1}{\partial Sc}+\frac{\partial g_2}{\partial Sc}+\frac{\partial g_3}{\partial Sc}+\frac{\partial g_4}{\partial Sc}+\frac{\partial g_5}{\partial Sc}+\frac{\partial g_6}{\partial Sc}$$

则指数耦合效应下放模型的异界泰勒展开可表示为：

$$\begin{aligned}E_1=&P_0\varepsilon_1Q_1\ (L-L_0)\ +\varepsilon_2Q_2\ (Sj-Sj_0)\ +\varepsilon_3Q_3\ (T-T_0)\\&+\varepsilon_4Q_4\ (Sc-Sc_0)\ +\varepsilon_5Q_5\ (G-G_0)\ +\varepsilon_6Q_6\ (K-K_6)\end{aligned} \quad (2)$$

对比（1）式和（2）式，令

$$P_0=f_0,\ \frac{\partial f}{\partial L}=\varepsilon_1Q_1,\ \frac{\partial f}{\partial Sj}=\varepsilon_2Q_2,\ \frac{\partial f}{\partial T}=\varepsilon_3Q_3$$

$$\frac{\partial f}{\partial Sc}=\varepsilon_4Q_4,\ \frac{\partial f}{\partial G}=\varepsilon_5Q_5,\ \frac{\partial f}{\partial K}=\varepsilon_6Q_6$$

则 $E_1=E_2$。

综上所述，引理得到证明。

因此，采用两种方式对攻击型无人机对地攻击效能评估是等同的。但是，采用指数耦合效应下放模型可以使得编程结算相对简单、各指标的重要程度更加清晰、层次性更强，因此本书采用指数耦合效应下放模型进行处理。

四、无人机的固有能力 C

无人机的固有能力包括无人机的机载雷达能力、数据链能力、攻击能力和决策能力。

（一）雷达能力

无人机的记载雷达能力包括侦查能力和干扰能力。其中，侦查能力包括对目标的侦查能力和对目标的识别能力；干扰能力包括有源干扰、无源干扰和欺骗式干扰。除了以上两种雷达固有的性能指标外，影响雷达性能的指标还有机载设备的信息处理能力和信息接收能力。

(1) 侦测能力

定义侦测能力为 Zc，它包括目标侦查能力和目标识别能力。攻击型无人机的目标侦查能力是指在指定的侦查范围内，侦查装置发现目标情况下的覆盖空间，其性能指标包括探测领域与数据率两个能力指标。目标识别能力则是在目标侦查的基础上，通过对目标进行多次探测，使虚目标率尽可能低，它包括分辨率和目标视线识别概率。这种侦察包括对空侦察和对地侦察。对空侦察主要是侦察敌方的拦截飞机和对无人机的拦截导弹，以便无人机对拦截目标做出及时合理的反映。对地侦察主要指对攻击目标的侦察和识别，以便对攻击目标进行准确的定位、锁定和攻击摧毁。

第一，目标侦察能力。

目标侦察能力指标是无人作战飞机固有的属性，尤其对于无人机来说，装载高性能的雷达设备可以进一步配合有人机、卫星等进行联合侦察，进而扩大空中的纵深探测范围，延伸作战半径，增加战场感知，为目标识别奠定基础。飞机雷达扫描波成扇形，则探测领域为：

$$T_t=\frac{2\pi R_{\max}^3\theta_\varepsilon}{3}$$

式中：$\theta\varepsilon$ 为波束仰角；$R_{\max}$ 为波束最远传播距离。

数据频率为：

$$T_l=\frac{1}{T_s}$$

式中：T_s 是扫描周期。

目标侦察能力为：

$$CT=\lambda_1 T_t+\lambda_2 T_l$$

式中：λ_1，λ_2 为权重系数。

第二，目标识别能力。

利用无人机良好的机动性和隐身性，可以对敌方同一目标或多目标进行多角度、全方位的高度识别，弥补了雷达盲区所带来的困扰，提高了发现目标的概率，进而抓住作战时机，及时做出相关任务决策和分配，更好地组织对目标的攻击行动。这里对雷达性能的要求较高，良好的分辨率是雷达目标识别的关键。

分辨率为：

$$P_c=\frac{2^k\beta n_\beta n_\varepsilon T_d}{\left(\frac{d}{2}\right)R_0^2\theta_\beta}$$

式中：β 是信号带宽；d 为天线孔径尺度；k 是单位距离内的采样次数（$k=1，2，\cdots$）；n_β 为方位角测量误差加权系数，取决于目标回波脉冲数 N。

比幅测角为：

$$n_\varepsilon=0.6\sqrt{N}$$

式中：T_d 为目标方向上波束的停留时间；θ_β 为空间方位角；R_0 为雷达识别能力的参考距离。

由于目标识别能力是根据雷达自身分辨率结合有效目标识别概率得到的评估值，所以两者具有相关性，最后得出目标识别能力值为：

$$Cd=pc+pci+pc.pci$$

图 2-4 为单机视线观察图，假设目标用一个长轴 a、短轴 b 的椭

圆外形表示，视线角为 θ，与直线角垂直的线 L 与目标视线识别概率成比例。

将目标侦察能力和目标识别能力进行结合，根据实际作战情况取加权值，并设其为 ε_1 和 ε_2（$0<\varepsilon_1$，$\varepsilon_2<1$），得到侦测能力指标模型为：

$$Zc=\varepsilon_1 Cd+\varepsilon_2 Ct$$

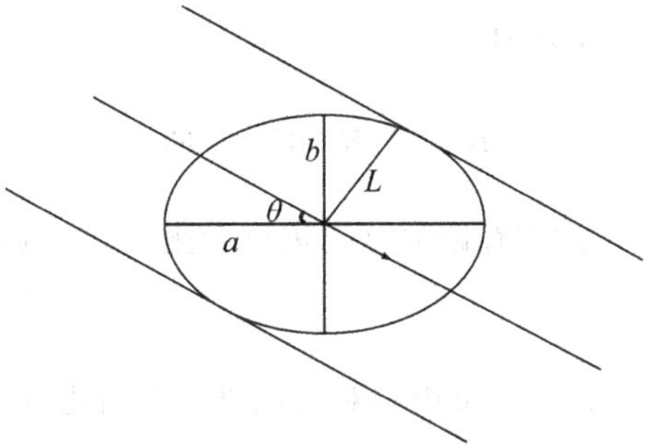

图 2-4　单机视线观察

（2）干扰能力

攻击型无人机的机载电子设备的干扰能力一般分为三种，包括有源干扰、无源干扰和欺骗式干扰。其中，有源干扰在规避敌方防空火力和歼击机的拦截中较为常见，且以噪声压制式干扰为主，其他两种作为辅助手段进行对敌干扰。在干扰指标系统里，比较关键的几个能力指标分别是：干信比、最小干扰距离、干扰扇面、自卫时有效干扰区、干扰掩护固定（运动）目标时的有效干扰区、干扰时的频率引导方式、随性干扰时的有效干扰扇面。在实际战斗中，单机干扰能力可用下式表示：

$$Gr=K_x\frac{\overline{W}}{\overline{Q}}\frac{\overline{F}}{\overline{f}}\frac{\overline{R}}{\overline{r}}p_{yd}$$

式中：Gr 为干扰能力；P_{yd} 为引导成功率；$\overline{W}$，$\overline{F}$，$\overline{R}$分别为实时作战中任务所要求的空域干扰范围、频率干扰范围和干扰暴露距离；$\overline{Q}$，$\overline{f}$，$\overline{r}$则分别为在实际干扰情况下，干扰系统所达到的空域、频率干扰范围以及干扰暴露距离；K_x 为干扰因子。

根据不同干扰对象来确定 K_x，存在不同的准则评估方法。

在面对预警搜索雷达时：

$$K_x=(P_1-P_2)/P_1$$

式中：P_1 是干扰前雷达发现概率；P_2 是受到干扰后的发现概率。

在被跟踪雷达干扰时：

$$K_x=(R-R_2)/R_1$$

式中：R_1 为雷达跟踪距离（未进行干扰）；R_2 为雷达受干扰后的跟踪距离。

在采用欺骗干扰时，可用相对发现概率来描述 K_x。

下面对雷达探索发现概率 P_1 的计算为：

$$P_1=\exp\left[-4.75/(nS_N)^{\frac{1}{2}}\right]$$

而进入雷达接收输入端的干扰信号功率为：

$$P_{r_j}=P_jG'_j(\Psi)G'_j(\theta)\lambda^2r_j\delta/\left[(4\pi)^2R_j^2\delta\right]$$

式中：r_j 为干扰信号极化损失；P_j 为干扰机的发射功率；λ 为雷达波长；δ 为干扰信号传输速率；$G'_j(\theta)$ 为天线在雷达干扰方向上的增益；R_j 为干扰机距雷达的间隔；$G'_j(\Psi)$ 为天线在雷达方向上的增益；δ_1 为雷达接收机传输速率。最后得到信干比 S_n，可表示为：

$$S_n=P_{rt}/P_{rj}$$

（3）其他指标对雷达能力的影响

除了侦察能力和干扰能力直接体现攻击型无人机的雷达能力外，无人机的信息处理能力（Xc）和信息接收能力（Xj）也影响着雷达性能的发挥。无人机的信息处理能力和信息接受能力可以使无人机接收其他侦察设备侦察到的战场信息情况，并对自身侦察到的信息和接收到的其他侦察设备的信息进行处理，根据处理的结果可以集中雷达的能量束对重点目标做重点侦察，从而提高无人机雷达的侦察能力和干扰能力。

根据上面的叙述，攻击型无人机的雷达能力可量化表示为：

$$L=\alpha_1\times\log(X_c\times X_j)\times(\delta_1\times Zc+\delta_2\times Gr)$$

式中：L 为雷达能力；Xc 为信息处理能力；Xj 为信息接收能力；Zc 为雷达的侦察能力；Gr 为雷达的干扰能力；α_1，δ_1，δ_2 为比例系数。

（二）数据链能力

数据链的整体能力是由信息接收能力、信息处理能力和数据共享能力这几部分组成的。网络中心战中它起到至关重要的作用，地面指挥人员对信息进行接收、处理和分发，保证了空战中各平台的信息流通，使作战各平台在信息化领域对抗中更加占据优势。

第一，信息接收能力（Xj）。

单位时间内信息获取的度量可用以下公式表述：

$$Q_{xl}=(Q_{\max}-Q_{kx})\times(t_f-t_p)$$

式中：Q_{xl} 为有效数据率；$Q_{\max}$ 为系统允许的最大数据率；Q_{kx} 为损失数据率；t_f 为单位接收时隙持续时间；t_p 为单位信息传播时间。

第二，信息处理能力（Xc）。

信息处理部分是由信息识别和信息分选组成的。将接收到的密集信息进行分选，分选信息由数据类型和分选时间决定，故选取分选能力对信息处理能力进行评估是切实可行的。信息识别在信息处理过程中也处于相当重要的地位，这里我们可以用信息识别概率来描述：

$$P=\frac{M_j}{M}$$

式中：M_j 为识别出的信息数；M 为客观存在的信息数。最后得出信息处理能力评估模型为：

$$Xc=\delta_1 N+\delta_2 T+\delta_3 P$$

第三，数据共享能力（Gx）。

对于处理过后的信息可将其回传给系统各节点，即有无人机平台中的各单位，故提出数据共享度量指标：

$$C=(1/n_r)\times\frac{\sum_{y=1}^{n_r}(M_r)_y}{\sum_{x=1}^{n_t}(M_t)_x}$$

式中：C 为数据共享能力；n_r 是节点的接收数目；n_t 为节点的发送数目；M_t 是消息节点的发送；M_r 为消息节点的接收。

根据以上叙述，攻击型无人机的数据链能力可量化表示为：

$$Sj=\delta_1\times Xc+\delta_2\times Xj+\delta_3\times Gx$$

式中：Sj 为攻击型无人机的数据链能力；Xc 为信息处理能力；Xj 为信息接受能力；Gx 为数据共享能力；δ_1，δ_2，δ_3 为比例系数。

（三）指挥控制决策能力

指挥决策能力也就是指挥者将周围态势感知到的情况，凭借机载计算机的智能化决策水平和地面的控制中心的决策者来为作战任务做出分配控制的过程。就现阶段的科技水平而言，对攻击型无人机的指挥决策包括两部分：地面控制人员的指挥控制指令和无人机的智能化系统做出的行动指令。因此包括以下几个关键指标：态势感知能力、指挥决策能力和辅助决策能力三方面。

一是态势感知能力（Ts）。无人机在搜索和识别目标后，将其探测到的信息进行数据处理和分析，对整体空战情况进行态势把握，进而完成威胁评估和指挥决策过程。它是空战中不可或缺的过程，这里的态势感知是将机群作战整体感知的战场态势与客观态势进行比对，得到目标数百分比。其中，N_w 为无人机感知目标数量；M 为客观态势目标数量。

$$T_S = \frac{N_w}{M}$$

二是指挥决策能力（Dz）。这里所说的指挥决策能力是指地面控制人员根据作战任务控制无人机，将其引导到敌方作战区域，根据无人机回传的信息数据，进行综合分析，做出判断，实施对敌方目标的有效打击的攻击模式。一般来讲，对指挥决策能力的衡量主要与地面指挥员的主观因素有关，即作战决心变量 θ。从作战任务的角度来讲，有三种情况：第一种情况也就是 θ 为零时，无人机在摧毁目标的同时，不考虑生存状态；第二种情况是在 θ 为 1 时，对目标进行摧毁的同时，无人机必须生存；第三种情况则是介于以上两种情况之间，即 $0<\theta<1$，表示指挥员在二者之间进行权衡，θ 值越靠近 1，则表明指挥员越希望在完成指定作战任务的同时，无人机均生存。于是建立指挥决策能力模型如下式所示：

$$Dz = [\theta \times P_{AS,TK} + (1-\theta) P_{TK}]$$

式中：$P_{AS,TK}$ 表示在规定的时间 t 内，飞机在威胁区中生存（用“1”表示），并且摧毁目标（用“0”表示）的概率：

$$P_{AS,TK}=P\ (0,\ 1,\ t)\ =\exp\ (-\alpha t)\ [1-\exp\ (-\beta t)]$$

式中：$\alpha=\lambda\ (1-P_{AS})$，$\beta=\mu\ (1-P_D)$。

λ 指作战机群遇威胁的次数，也就是说战机在单位时间内被敌方感知、威胁和受攻击的频率。

μ 表示从作战开始，设 $t=0$，到与目标对抗的平均时间，也就是所谓的协同感知、发现和定位要搜寻目标的平均时间（与机载设备、雷达性能及其他相关设备等有关）。

P_{AS} 为飞机的突击概率；P_D 为飞机所受毁伤概率。

三是辅助决策能力（Zn）。由于无人机智能化技术还不够成熟，没有达到完全智能的阶段，但是为了减轻指挥员的作战负担，对复杂多变的战场环境做出及时、合理的反映，于是提出了计算机辅助决策系统。在此系统中，地面控制指挥人员只对关键决策进行指挥，其他的则交给无人机上的计算机辅助决策系统来完成，如确定整体作战编队计划、航线/任务重规划行动建议和战术管理等。在辅助系统的帮助下，作战指挥员可以较快地对态势信息进行分析、融合和处理，为战略战术行动布置提供有效保障，引领无人机完成协同作战任务。这里我们用负担率 P_{fd} 来衡量无人机的智能化水平的高低，数学模型如下式所示：

$$Zn=1-P_{fd}$$

根据上面的论述，无人机的控制决策能力可量化表示为：

$$K=\delta_1\times Ts\times Dz+\delta_2\times Ts\times Zn$$

式中：K 为攻击型无人机的控制决策能力；Ts 为无人机的态势感知能力；Dz 为地面指挥能力；Zn 为无人机的智能决策能力；δ_1，δ_2 为比例系数。

（四）攻击能力

攻击能力是衡量一个对地攻击型无人机攻击效能大小的指标。在当今作战领域中，攻击能力的大小直接决定了对地攻击目标的实现。攻击型无人作战机的攻击能力决定于所载武器的硬杀伤能力与无人机本身的生存能力、作战时效性、武器效能指数和损伤评估能力。除了这些指标外，攻击型无人机的攻击能力还和无人机的数据链能力、雷达能力和控制决策能力有关。

一是攻击时效性（Gs）。

作战时间对于无人机作战来说至关重要，把握住侦察、攻击、防守的时机是夺取战争胜利的关键。攻击时效性是指完成一次作战任务所需时间与指定时间比，是缩短还是延长的量度。它是衡量攻击能力的主要因素之一。一般认为，在接到任务后，自起飞到最后完成作战任务返航，时间越短，综合效能就越高；反之，则越低。据此，攻击时效性指标模型如下式所示：

$$Gs=\frac{1}{\mathrm{e}\ (t_{sj}-t_{gd})}$$

t_{gd} 和 t_{sj} 分别表示规定完成作战所需的时间和实际作战所需时间；Gs 表示攻击时效性。从定义我们可以看出，当实际作战时间比规定作战时间短时，整体作战时效能大于 1；相应的实际作战时间比规定时间长时，则时间效能小于 1；当在规定的时间内完成任务时，效能为 1，对实际作战时间效能没有影响。由以上式子可以看出，要想求得无人机的攻击时效效能指标，就要求出执行一次作战任务所需的实际作战时间 t_{sj}。按照作战任务来划分作战阶段，以至确定各阶段所需的时间。实际作战时间主要包括：飞抵指定空域集结时间 t_{zb}、飞向目标防区时间 t_{fx}、攻击时间 t_{gj} 和返航时间 t_{fh} 这几个阶段，进而实际作战时间可由以下公式估算：

$$t_{zb} = \max t_{izb} + t_{ihx} + \delta_{jg}\ (N-1) + t_{qf} + t_{jh}$$

式中：t_{zb}为指从接到作战任务开始，从各自的起飞基地飞往指定空域，完成集合的时间；δ_{jg}为每架飞机的起飞间隔时间；N为无人机编队总数量；t_{qf}为起飞时间，设无人机的起飞时间也相等；t_{jh}为各机空中集合完毕的时间。其数学模型如下：

$$t_{zb} = \max t_{izb} + t_{ihx} + \delta_{jg}\ (N-1) + t_{qf} + t_{jh}$$

t_{izb}表示多架无人机平台，每架飞机各自的准备时间，其表达式为：

$$t_{izb} = t_{yizb} + t_{wizb}$$

它包括起飞前的武器挂载与燃油加载、试车与发动机的启动等地面准备工作时间。t_{ihx}表示各平台飞机在地面的滑跑时间，其表达式可以表示为：

$$t_{ihx} = t_{iyhx} + t_{iwhx}$$

t_{fx}表示是从集结点飞往指定空域的飞行时间，计算公式为：

$$t_{fx} = L/v$$

式中：L为从集结点飞往指定空域的航程；v为机群平均飞行速度。t_{gj}表示从进入目标空域开始到完成指定任务的时间，估算公式为：

$$t_{gj} = t_{ts} + t_{sb} + t_{jc} + t_{zz}$$

式中：t_{ts}为目标探测的时间；t_{sb}为对目标进行识别的时间；t_{jc}为

指挥员决策与信息传送给无人机的时间；t_{zz}表示无人机完成导弹发射并引导其对目标进行攻击所用的时间。t_{fh}是指协同作战后完成任务并且返回基地所用的时间（这里不考虑损伤评估结果为需要发起二次攻击的情形），其估算公式与t_{fk}相同。

二是武器效能（Wq）。

攻击型无人机的武器攻击能力主要取决于机载导弹的数量和性能先进程度，也就是说中、远距空地导弹和机载炸弹的先进与否进一步影响了飞机武器系统的效能。现代战争中，随着电子战的发展，传统作战模式受到了挑战，由比较常见的中、远距攻击日益变成了现在的防区外打击、远距攻击和凌空轰炸相结合的攻击方式。所以导弹和炸弹的性能成了衡量武器系统的关键性指标，主要包括导弹有效射程、单发杀伤概率、瞄准系数和挂载数量等。

设火力系数分别为d和p，则系统武器总效能为：

$$A=d=\eta p$$

导弹的火力参数计算公式如下：

$$d=(\theta/360)(\alpha/35)(\beta/20)(\omega/40)Lks\sqrt{e}/60l$$

式中：θ为导弹攻击角；α为导弹最大过载；β为导弹最大跟踪角速度；ω为离轴发射角；L为有效射程；l为导弹发射距离；k为发射高度差；s为单发杀伤概率；e为同类导弹挂载数量。

炸弹的火力参数计算公式如下：

$$p=K\left(\frac{p}{1\ 200}\right)\left(\frac{v}{1\ 000}\right)^2\left(\frac{m}{400}\right)\left(\frac{R}{30}\right)N$$

式中：p为炮弹发射率；v为弹体初速；m为弹体质量；R为弹体口径；N为炸弹配置数量；K是瞄准系数。

三是损伤能力评估（Sp）。

这里考虑无人机对点目标单发或多发导弹攻击后的损伤评估分析，对地作战中比较常见的点目标有指挥所、军政办公楼、弹药库、发电厂、重要交通枢纽节点等。对于单发导弹来说，设定爆炸点与目标中心位置相距为 r，武器自身的爆炸杀伤半径为 R，拟定目标为一个圆形物体，本身的半径为 R_t，它可用目标受攻击面积公式来转换：

$$R_t = \sqrt{S/\pi}$$

要想得到总的毁伤概率 PD 数学模型，首先要知道：

$$F_{ij} = \begin{cases} P_{mz} & 0 \leqslant r \leqslant R_t \\ \left(1 - \dfrac{r}{R}\right) P_{fmz} & R_t < r < R \\ 0 & R \leqslant r \end{cases}$$

式中：P_{mz} 为完全命中目标的毁伤能力；P_{fmz} 为完全命中但有伤害的毁伤能力；F_{ij} 为各情况下的毁伤能力。其中 P_{mz} 的选取，由于考虑到机载武器和目标类型的种类较多，可根据以下的矩阵来确定，把一些典型的组合毁伤能力放到一起，需要时从数据库中提取：

$$\begin{pmatrix} a_{11} & \cdots & a_{1n} \\ \vdots & & \vdots \\ a_{m_1} & \cdots & a_{mn} \end{pmatrix}$$

式中：m 为武器对目标的毁伤等级；n 为目标的抗摧毁等级；a_{ij} 为 i 级别的毁伤武器对 j 级别目标的抗毁伤相对毁伤能力。设 P_{F1} 目标当量半径 R_t 范围内的命中概率，P_{F2} 为弹药爆炸之处在自身杀伤半径 R 之内，目标当量半径 Rt 外的命中概率，两命中概率均符合正态分布模型，可通过数值积分计算得出，如下式所示：

$$P_{Fi}=2\int_{0}^{R}\frac{1}{\sqrt{2\pi}}e^{-u^2/2}du$$

则单发第 i 类武器对 j 类目标的毁伤概率为：

$$P_{Dij}^{1}=P_{TM}\ (F_{ij1}P_{F1}+F_{ij2}P_{F2})$$

式中，P_{TM} 为目标自身的机动性因子。

对于多发第 i 类导弹对第 j 类目标的战斗损伤概率为：

$$P_{Dij}^{Ni}=1-\prod_{k=1}^{N_i}\ (1-P_{Dijk})$$

其中，N_i 表示发数。

将以上公式综合得出，机载设备上 M 中不同类型的导弹，分别拥有 Ni 发对第 j 类目标的总摧毁概率可表示为：

$$P_D=1-\prod_{i=1}^{M}\ (1-P_{D_{ij}^{i}}^{N})$$

除了以上各项能力外，攻击型无人机的数据链能力可以更好地接收和处理战场信息，雷达能力为攻击提供了最初的情报来源，在信息化程度日渐重要的今天，这两项能力是发挥武器效能的基本保障。控制决策能力则为攻击型无人机的攻击行动制定了最佳的行动路线和攻击方式，在很大程度上决定了武器效能的发挥。

根据以上所述，攻击型无人机的攻击能力可量化表示为：

$$G=\alpha_1\times\log\ (Sj\times L\times K)\ \times\ (\delta_1\times Gs+\delta_2\times Wq+\delta_3\times Sp)$$

式中：G 为攻击型无人机的攻击能力；Sj 为攻击型无人机的数据链能力；L 为攻击型无人机的雷达能力；K 为攻击型无人机的控制决策能力；Gs 为攻击型无人机的攻击时效性；Wq 为攻击型无人机的武器效能；Sp 为攻击型无人机的损伤评估能力；δ_1，δ_2，δ_3 为比例系数。

五、对抗效能 E_D

（一）突防能力

突防能力是无人机完成对地攻击任务的重要组成部分，根据作战实践，常用的战场突防方式有利用地形、地势遮挡的隐蔽突防、高空突防和低空突防三种方式。影响无人机突防能力 T 的因素有无人机的飞行包线范围 $E\,BX$、机动能力 E_{JD}、火力对抗能力和电子对抗能力 E_{DZ}。此外，攻击型无人机的雷达能力和控制决策能力也会对无人机的突防产生一定的影响。用公式表示为：

$$T=\alpha_1\times\log(L\times K)(\delta_1\times E_{BX}+\delta_2\times E_{JD}+\delta_3\times E_{HL}+\delta_4\times E_{DZ})$$

式中：T 为无人机的突防能力；L 为无人机的雷达能力；K 为无人机的控制决策能力；E_{BX} 为无人机的飞行包线范围；E_{JD} 为无人机的机动能力；E_{HL} 为无人机的火力对抗能力；E_{DZ} 为无人机的电子对抗能力。

（1）飞行包线范围

飞行包线是以飞行速度、高度和过载等作为界限的封闭几何图形，用以表示飞机的飞行范围和飞行限制条件。某飞机的飞行包线如图 2-5 所示。

不同无人机的包线可以比较出无人机飞行性能的优劣。以定常水平直线飞行包线为例，在以速度为横坐标、高度为纵坐标的二维象限内，标出维持正常飞行的所有速度和高度，形成一个不规则的四边形。左边表示最小速度限制，右边表示最大速度限制，上面表示飞行高度限制。这是最简单的飞机包线，而事实上，无人机的飞行包线还要受到发动机性能、气动热、音障、噪声和空气污染等的限制。因此，不同类型的飞机、同一类型使用不同发动机的飞机，飞行包线的形状也就不同。为了安全起见，大多数飞行是在飞行包线以内进行

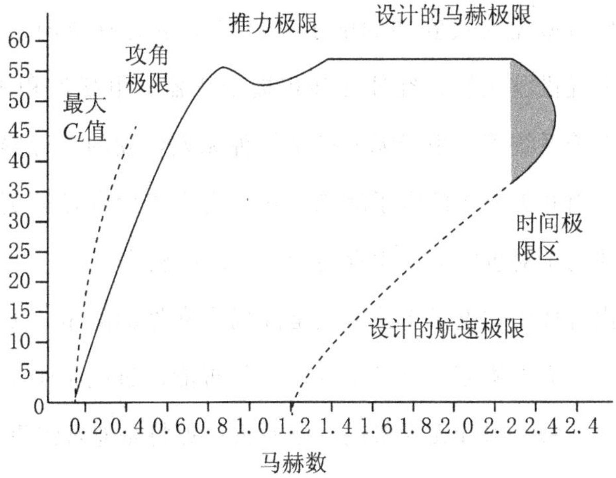

图 2-5 某飞机的飞行包线

的，但当遇到紧急情况时，也会出现超过正常飞行包线的情况。一般而言，飞行包线的范围越广，表明无人机的性能越好。在实践中，飞行包线分为使用飞行包线、实用飞行包线和允许飞行包线，包线范围依次变大。在不同包线范围内飞行时，飞行品质要求应有所不同，范围越广，要求飞行品质越高。

飞行包线中影响无人机执行对地攻击任务的数值包括无人机的最大飞行高度、最小飞行高度，最大飞行速度和最大航程等指标。

（2）机动能力

机动性能是指作战飞机飞行过程中改变飞行状态的能力，主要与雷达发现距离、雷达总搜索方位角、同时跟踪、攻击目标数有关。

根据影响机动性能参数的特点，给出基本计算公式为：

$$E_{JD}=\frac{1}{9}\sqrt{n_{y\max}\times n_{y盘}}\times\frac{\mathrm{Sep}}{300}$$

式中：$n_{y\max}$为最大使用过载；$n_{y盘}$为最大盘旋过载；Sep 为最大单位剩余功率。

(3) 子对抗能力

对地攻击型无人机安装的电子对抗设备主要有全向雷达警戒系统、消极干扰投放系统、红外导弹积极干扰器、电磁波积极干扰器、导弹临近告警系统等。由于无人机是一种无人驾驶的飞行器，智能化水平较低，因此无人机的电子战能力相对有人机而言显得更重要，因此无人机的电子对抗能力在生存力中的贡献率较高。

在现代科技中，电子干扰大战是战场中常见的战争，无人机要做好这项工作。无人机面对电子干扰时，是否能避过电子干扰，假若敌方利用电子欺骗，引导无人机向己方开火，那将是非常惨重的后果。

(4) 电子防御能力

电子防御战是电子攻防战的重要组成部分，21 世纪电子防御战的防空反导是其主要作战使命。从实战数据统计，没有装备电子战系统或设备的作战飞机和水面舰艇，被导弹击中的概率为装备有电子战系统的 3～4 倍。装备有自卫干扰系统的轰炸机，它的生存率可以达到 70％～95％，反之不超过 25％。随着激光、红外等高新技术的发展，电子防御战在技术上显得特别突出。

无论是超级大国或者军事强国，进攻武器的发展速度均大于电子防御武器，至今尚未完全解决抗反辐射导弹和抗巡航导弹的攻击问题，大大小小的陆空和海空均面临着上述两大类导弹的严重威胁。因此，现代陆、海、空部队均面临着以下几种技术发展的挑战：导弹射程更远、速度更快、命中精度更高、攻击弹道更复杂、攻击强度更大和更不易被探测（包括诱饵欺骗）。

从当前来看，能与反辐射导弹和反舰导弹抗衡的措施是加速发展天基和多基探测、综合电子战、红外成像制导和光纤制导等技术。对参战载体来说，还应灵活应用战区的电子防御战能力以及自身很强的电子防御战能力。因此，在无人机加装电子防御设备将大大提高无人机的战场生存能力。

(5) 电子进攻能力

电子进攻已经应用于远海、沿海、陆地以及空中的作战行动，它采用电磁或直接的方式攻击敌方的设备、装备和人员，以达到减弱或摧毁敌方作战能力的目的。但是，很多舰载电子战系统对新型电子威胁显得有些无能为力，因此大力改进、升级电子战设备是非常重要的。电子干扰是电子进攻的主要形式，是扰乱敌方电子系统和设备正常工作而采取的作战行动，目的是使敌方电子系统和设备使用效能降低甚至失效。电子干扰行动主要包括用干扰发射机向敌方雷达辐射妨碍信号、用高集中能量的信号阻碍敌方接收机的接收。电子干扰可分为雷达干扰、通信干扰和光电干扰三类。远距离支援干扰是当前国内外重点发展的一个方向，而机载干扰机的发展呈三大趋势。

第一大趋势是欺骗式干扰胜于噪声干扰。其中，有源诱饵有以下优点：与无源诱饵相比较，它产生的特征波形更为逼真，雷达截面更大。第一代有源诱饵干扰的代表是 ALE-50，该诱饵主要有三个部件：发射器、接收机和电源，它是将接收到的威胁雷达信号放大再发射出去，有时也加上一个小的调制来模拟飞机引擎特征。雷达接收到飞机反射的回波和从诱饵来的强度更大且特性一样的信号，雷达或导弹寻引头不能区分而只能误认诱饵为目标。

第二大趋势是干扰机应尽量与其他电子战设备做到一体化。主要表现为以下几点：一是飞机的运载能力要求将告警接收机、干扰机、箔条弹、曳光弹撒布器、导弹接近告警以及拖曳式或一次性诱饵组合在一起，安装在飞机内或吊舱式系统中；二是在未来的飞机上，大功率的射频干扰机可能和雷达及通信系统共同使用一个大功率主动阵天线；三是各种干扰手段配合使用，如飞机在自我保护时，先投放几轮箔条，暂时迷惑导弹寻的头，然后再投放有源诱饵，而当导弹重新截获目标时，实际上往往跟踪上了假目标。闪烁也是一种重要的电子对抗技术，应用于两架相距不远而在雷达系统中又处于同一方位角分辨率内的飞机，这两架飞机轮流地发出干扰，从而引起雷达系统中的目标信号来回振荡，使其不可能为火力控制提供准确的信息。

第三大趋势是飞机自我保护系统（ASPJ）和压制敌防空系统（SEAD）并重，美国国防部对SEAD的定义为：采用摧毁、破坏的手段压制、摧毁或暂时降低敌方地基防空系统性能的活动。过去重点装备造价昂贵的轰炸机，如B-1或B-2轰炸机。如今，F-15或F-16等也对自保护系统十分重视，并从悬挂箱式向内装式发展。SEAD分为干扰性和杀伤性两种，现阶段，杀伤性SEAD（主要由威胁告警装置和反辐射导弹构成）更受重视。

（6）火力对抗能力

对地作战的目的就是打击地面目标，在飞机飞行过程中要遇到三层防御，如图2-6所示。

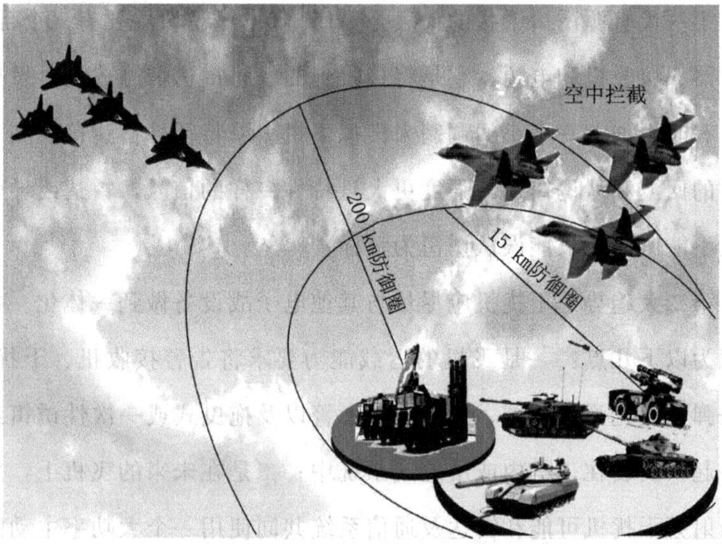

图2-6 对地攻击过程中遭遇的三层防御

从图中可以看到攻击型无人机经过的三道防线：一是敌方歼击机对作战飞机的拦截；二是敌方导弹对作战飞机的拦截；三是敌方高空火炮对作战飞机的拦截。作战飞机的火力对抗能力是完成任务的关键能力，一般情况下突破第一道防线的概率要大于导弹的拦截概率，而高炮的拦截概率小于导弹的拦截概率。

（二）生存能力

作战飞机的生存能力常用隐蔽性 PYB 和抗击毁能力 PJH 来表示，此外还与无人机的电子对抗能力、机动能力、火力对抗能力、控制决策能力、雷达能力和数据能力等有关。量化表示为：

$$Sc=\alpha_1\times\log(p_{JH}\times K\times Sj)\times(\delta_1\times p_{jh}+\delta_2\times Dd+\delta_3\times Jd+\delta_3\times Jd+\delta_4\times Hd+\delta_5\times L)$$

式中：Sc 为攻击型无人机的生存能力；P_{JH} 为抗击毁能力；P_{YB} 为无人机的隐蔽性；H_d 为无人机的电子对抗能力；J_d 为无人机的机动能力；H_d 为火力对抗能力；K 为无人机的控制决策能力；L 为无人机的雷达能力；S_j 为无人机的数据能力。

隐蔽性常由不可探测概率来度量，敌方对我不可索概率由下式来表示：

$$p_{yb}=\exp\left[\frac{-\sigma p_t}{2(S/N)^2R_1^4}\right]$$

式中：P_t 为雷达发射机功率；S/N 为信噪比；R_1 为敌雷达作用距离；σ 为雷达截面，提高隐蔽性就是减少 σ 的大小。

抗毁能力毫无疑问主要取决于敌方对我导弹攻击后仍能保持正常工作的能力。常用抗毁概率来表示：

$$p_{jh}=\exp\left(-0.6931\frac{R_2^2}{J^2}\right)$$

式中：J 为敌导弹命中误差；R_2 为敌导弹武器的毁伤半径。

六、专家评估法（德尔菲预测法）

（一）德尔菲法的背景

德尔菲法最早出现于20世纪50年代末，是当时美国为了预测在其“遭受原子弹轰炸后，可能出现的结果”而发明的一种方法。1964年美国兰德（RAND）公司的赫尔默（Helmer）和戈登（Gordon）发表了“长远预测研究报告”，首次将德尔菲法用于技术预测中，以后便迅速地应用于美国和其他国家。除了科技领域之外，还几乎可以用于任何领域的预测，如军事预测、人口预测、医疗保健预测、经营和需求预测、教育预测等。此外，还用来进行评价、决策和规划工作，并且在长远规划者和决策者心目中享有很高的威望。据《未来》杂志报道，从20世纪60年代末到70年代中，专家会议法和德尔菲法（以德尔菲法为主）在各类预测方法中所占比重由20.8%增加到24.2%。20世纪80年代以来，我国不少单位也采用德尔菲法进行了评估、预测、决策分析和编制规划工作。

（二）德尔菲法的基本步骤

德尔菲法的基本原理按评估预测的程序可简要地概括为几步。

一是确定评估主题，归纳评估事件。评估主题就是所要研究和解决的问题。一个主题可以包括若干个事件。事件是用来说明主题的重要指标。评估预测的主题就是对本单位、本部门有重要影响而又意见分歧的问题。经典的德尔菲法要求应邀参加预测的专家围绕评估主题，提出应评估的事件，评估领导小组对专家提出的评估事件经筛选整理，排除重复和次要的，形成一组评估事件，根据评估要求编制评估事件调查表。确定评估主题和归纳、提出评估事件是德尔菲法的关键一步。

二是选择专家。德尔菲法所要求的专家应当是对评估主题和评估问题有比较深入的研究、知识渊博、经验丰富、思路开阔、富于创造性和判断力的人。因此，专家的选择事关预测的成败。在选择时，应注意以下两方面的问题。

第一，来源广泛。德尔菲法要求专家有广泛的来源，这也是定性评估本身需要的。一般应实行“三三制”，即首先选择本单位、本部门对评估问题有研究的专家，占评估专家的 1/3 左右；其次选择本单位、本部门产品的使用客户，约占 1/3；最后是从社会上有影响的知名人士中间选择有深入研究的专家，也占 1/3。这样才能从各方面对评估问题提出有根据的、有洞察力的见解。

第二，人数视评估主题规模而定。选择专家人数视评估主题规模而定。人数太少，限制代表性；而太多则难于组织。一般情况下，人数越多精度越高，但超过 15 人时，进一步增加人数对提高评估准确性的作用不大。因而专家小组人数一般以 10～50 人为宜。但对重大问题的评估，专家小组的人数可增加到 100 名左右。另外，由于种种原因，有些专家不是每轮都给以回答，甚至有可能中途退出，所以评估人数应适当多些。

三是预测过程。当针对某一评估的专家小组成立之后，在评估领导小组的组织领导下，即可开始评估工作。经典德尔菲法的预测过程一般分为 4 轮，各轮内容大致如图 2-7 所示。

第一轮，确定评估事件。询问调查表要求各成员根据所要评估的主题以各种形式提出有关的评估事件。也可由领导小组先征求少量专家意见集中后产生评估事件以作草案供进一步讨论，完毕后寄给评估领导小组，由领导小组将所提出的事件进行综合整理，统一相同事件，排除次要事件，用准确术语提出“评估事件一览表”。

第二轮，初次评估。将“评估事件一览表”发给专家小组各成员，要求他们对表中所列各事件做出评价，并相应地提出其评价及评

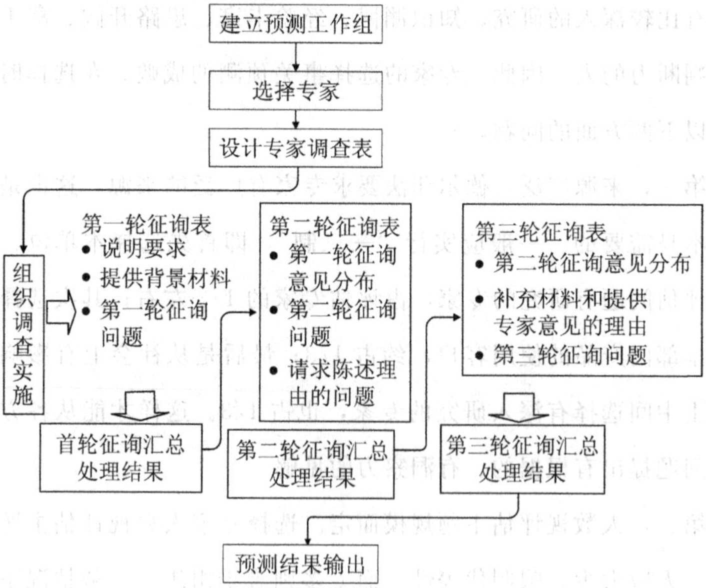

图 2-7　德尔菲法的预测过程

估的理由，为改进评估而再次征询还需补充哪些资料。调查表收回后，领导小组要对专家意见进行统计处理。一般采用四分位法，即根据返回来的调查表，统计出每一指标权重和评估结论的中位数和上、下四分位点，将此结果再返回给专家小组各成员。

第三轮，修改评估。评估领导小组将第二轮评估的统计资料寄给每位专家，请专家据此补充材料，再一次进行评估且充分陈述理由。特别注意，让持极端意见的专家充分陈述理由。这是因为他们的依据可能是其他专家忽略的外部因素或未曾研究过的问题。这些依据往往对其他专家重新判断产生影响。

第四轮，最后评估。专家小组各成员再次进行评估，并根据领导小组的要求，做出或不做出新的论证。领导小组根据回答，再次计算出每一指标权重和评估结论的中位数和四分位点，得出最终的带有相应中位数和四分位点结果的事件一览表。

必须注意，最后一轮专家们的意见必须趋于一致或基本稳定，即大多数专家不再修改自己的意见。因此，征询次数应灵活掌握。

四是确定评估值，做出评估结论。对专家应答结果进行量化分析和处理，是德尔菲法预测的最后阶段，也是最重要的阶段。处理方法和表达方式取决于预测问题的类型和对预测的要求。但在实际中，通常采用中位数法方法。

中位数是指将各专家对评估目标的评估数值按大小顺序进行排列，选择属于中位置的那个数表示数据集中的一种特征数。当整个数列的数目为奇数时，中位数只有一个。当整个数列的数目为偶数时，中位则应为数列中间位置两个数的算术平均值。中位数代表专家预测意见的平均值，一般以它作为预测结果。把各位专家的评估结果按其数值的大小排列，并将专家人数分成四等份，则中分点的评估结果可作为中位数。小于中分点的四分点的评估结果称为下四分点数值，简称下四分点。大于中分点的四分点的预测结果称为上四分点数值，简称上四分点。或者说，上、下四分点是从数字序列的第一个数字开始数，数到全体数据序列 1/4，3/4 处便是。数列上、下四分位的数值表明评估值的置信区间。置信区间越窄，即上下四分点间距越小，说明专家们的意见越集中，用中位数代表评估结果的可信程度越高。

（三）德尔菲法的基本特点

常用的专家会议法有其一定的优点，但也有一系列固有弊端。这些不足包括以下几个方面。

一是能前来参加专家会议的专家人数和专家的代表性有限。

二是权威的影响较大。权威的意见一发表，有些人因某种原因附和而不发表其他不同意见。

三是易受表达能力的影响。能说会道者的意见容易获得众人附和，尽管其意见的价值没那么大，而表达能力差的专家之意见易受冷落。

四是自尊心等心理因素的影响。意见发表后不愿冷静考虑其他意见，即使错了也不愿修正。

五是会议时间受限制。专家考虑问题不一定全面。

德尔菲法就是为了克服专家会议法的上述缺点和防止个人判断的局限性，尽可能消除人的主观因素的影响而创立的。与专家会议法相比，德尔菲法有如下特点。

第一，匿名性。德尔菲法采用匿名函询的方式征求意见，即每位专家的分析判断是在背靠背的情况下进行的。在实施德尔菲法的过程中，应邀参加预测的专家互不相见，只与评估小组成员单线联系，消除了不良心理因素对专家判断客观性的影响。由于德尔菲法的匿名性，使得专家们无须担心充分地表达自己的想法会有损于自己的威望，而且也使得专家的想法不会受口头表达能力的影响和时间的限制。因此，德尔菲法匿名性有利于各种不同的观点得到充分的发表。

第二，反馈性。德尔菲法在评估过程中，要进行几轮（三至五轮）征询专家意见。评估单位对每一轮的评估结果做出统计、汇总，提供有关专家的论证依据和资料，作为反馈材料发给每一位专家，供下一轮评估时参考。专家们从多次的反馈资料中进行分析选择，参考有价值的意见，深入思考，反复比较，有利于提出更好的评估意见。

第三，评估结果的统计特性。为了科学地综合专家们的评估意见和定量表示评估的结果，德尔菲法采用统计方法对专家意见进行处理，专家意见逐渐趋于一致，预测值趋于收敛。

（四）德尔菲法的基本原则

利用德尔菲法进行人力资源的需求预测应注意以下原则。

一是为专家提供充分的信息，使其有足够的根据做出判断。

二是所提问的问题应是专家能够回答的问题。

三是允许专家粗略地估计数字，不要求精确。但可以要求专家说明预计数字的准确程度。

四是尽可能将过程简化，不问与评估无关的问题。

五是保证所有专家能够从同一角度去理解员工分类和其他有关定义。

六是向专家讲明评估对单位和下属单位的意义，以争取他们对德尔菲法的支持。

（五）德尔菲法的注意事项

一是由于专家组成员之间存在身份和地位上的差别以及其他社会原因，有可能使其中一些人因不愿批评或否定其他人的观点而放弃自己的合理主张。要防止这类问题的出现，必须避免专家们面对面的集体讨论，而是由专家单独提出意见。

二是对专家的挑选应基于其对单位内外部情况的了解程度。专家可以是第一线的管理人员，也可以是单位高层管理人员和外请专家。例如，在估计未来空军对攻击型无人机需求时，设计单位可以挑选空军参谋人员作为专家。

七、BP 神经网络算法模型

（一）神经网络简介

人工神经网络（artificial neural network，ANN）简称为神经网络。人工神经网络可以分为前向型和反馈型两类：前向型神经网络的特点是信息传递由后层神经元向前层神经元传递，同一层内的神经元之间没有信息交流；反馈型神经网络中的神经元之间不但相互作用，而且自身也有信息内耗。BP 神经网络是一种多层前向神经网络，名字源于网络权值的调整规则，采用的是后向传播学习算法（也称为反推学习规则），即 BP 学习算法（Back-Propagation，BP）。BP 学习算法是 Rumelhart 等在 1986 年提出的。自此以后，BP 神经网络得到了广泛的实际应用，据统计，80％～90％的神经网络模型都采用了 BP 网络或者它的变形。

（二）BP 神经网络理论

BP 神经网络是一种单向传播的多层前向型网络。由图 2-8 可见，BP 网络是一种具有三层或三层以上的神经网络，包括输入层、中间层（隐层）和输出层。上下层之间实现全连接，而每层神经元之间无连接。当一对学习样本提供给网络后，神经元的激活值从输入层经各中间层向输出层传播，在输出层的各神经元获得网络的输入响应，如图 2-9 所示。接下来，按照减少目标输出与误差的方向，从输出层经过各中间层

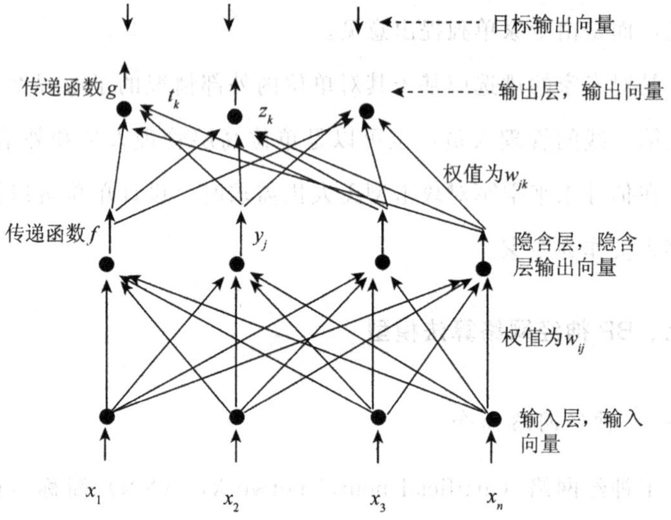

图 2-8　BP 神经网络结构

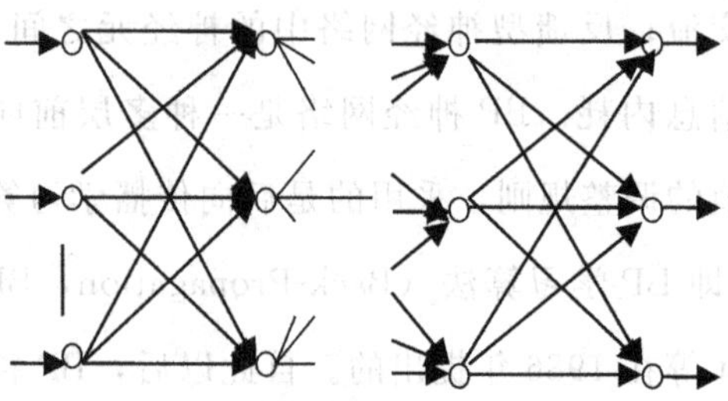

图 2-9　神经网络输入输出传递

逐步修正各连接权值，最后回到输入层，这种算法称为“误差逆传播算法”，即 BP 算法，随着这种误差逆的传播修正不断进行，网络对输入模式响应的正确率也不断上升。BP 网络的传递函数要求必须是可微的，常用的有 Sigmoid 型的对数、正切函数或线性函数，即：

$$\text{logsin}(x)=\frac{1}{1+e^{-x}}$$

$$\text{tansig}(x)=\frac{e^{x}-e^{-x}}{e^{x}+e^{-x}}$$

$$\text{purelin}(x)=x$$

（三）BP 网络学习规则

下面以一个三层 BP 网络为例，介绍 BP 网络的学习过程及步骤。

首先对符号的形式及意义说明如下：

网络输入向量 $P_k=(a_1, a_2, \cdots, a_n)$。

网络目标向量 $T_k=(y_1, y_2, \cdots, y_q)$。

中间层单元输入向量 $S_k=(s_1, s_1, \cdots, s_p)$。

输出向量 $B_k=(b_1, b_2, \cdots, b_p)$。

输出层单元输入向量 $L_k=(l_1, l_2, \cdots, l_q)$。

输出向量 $C_k=(c_1, c_2, \cdots, cq)$。

输入层至中间层的连接权 w_{ij}，$i=1, 2, \cdots, n$；$j=1, 2, \cdots, p$。

中间层至输出层的连接权 v_{jt}，$j=1, 2, \cdots, p$；$t=1, 2, \cdots, q$。

中间层各单元的输出阈值 θ_j，$j=1, 2, \cdots, p$。

输出层各单元的输出阈值 r_1，$t=1, 2, \cdots, q$。

参数 $k=1, 2, \cdots, m$，为训练样本序号。

BP 网络学习过程及步骤如下：

第一步，初始化。给每个连接权值 w_{ij}，v_{jt} 和阈值 θ_j，r_t 赋予区间（$-1, 1$）内的随机值。

第二步，随机选取一组输入和目标样本 $P_k=(a_1^k, a_2^k, \cdots, a_n^k)$、$T_k=(y_1^k, y_2^k, \cdots, y_q^k)$ 提供给网络。

第三步，用输入样本 $p_k=(a_1^k, a_2^k, \cdots, a_n^k)$、连接权 w_{ij} 和阈值 θ_j 计算中间层各单元的输入，然后通过传递函数计算中间层各单元的输出 b_j。

$$s_j=\sum_{i=1}^{n} w_{ij}a_j^k-\theta_j, \ j=1, 2, \cdots, p$$

$$b_j=f(s_j), \ j=1, 2, \cdots, p$$

第四步，利用中间层的输出 b_j、连接权 v_{jt} 和阈值 γ_t 计算输出层各单元的输出 L_t，然后通过传递函数计算输出层各单元的响应 C_t。

$$L_t=\sum_{j=1}^{p}, \ v_{jt}b_j-\gamma_t, \ t=1, 2, \cdots, q$$

$$C_t=f(L_t), \ t=1, 2, \cdots, q$$

第五步，利用网络目标向量 $T_k=(y^1, y_2^k, \cdots, y_q^k)$、网络实际输出 C_t 计算输出层的各单元一般化误差 d_t^k。

$$d_t^k=(y_t^k-C_t)\cdot C_t\cdot(1-C_t), \ t=1, 2, \cdots, q$$

第六步，利用连接权 v_{jt}、输出层的一般化误差 d_t^k 和中间层的输出 b_j 计算中间层各单元的一般化误差 e_j^k。

$$e_j^k=\left[\sum_{t=1}^{q} d_t^k\cdot v_{jt}\right] b_j(1-b_j)$$

第七步，利用输出层各单元的一般化误差 d_t^k 与中间层各单元的输出 b_j 来修正连接权 v_{jt} 和阈值 γ_t。

$$v_{jt}(N+1)=v_{jt}(N)+\alpha\cdot d_t^k\cdot b_j$$

$$\gamma_t(N+1)=\gamma_t(N)=\alpha\cdot d_t^k$$

$$t=1, 2, \cdots, q; \ j=1, 2, \cdots, p \ (0<\alpha<1)$$

第八步，利用中间层各单元的一般化误差 e_j^k、输入层各单元的输入 $P_k=(a_1^k, a_2^k, \cdots, a_n^k)$ 来修正连接权 w_{ij} 和阈值 θ_j。

$$w_{ij}(N+1)=w_{ij}(N)+\theta\cdot e_j^k\cdot a_i^k$$

$$\theta_j(N+1)=\theta_j(N)+\beta\cdot e_j^k$$

$$i=1,2,\cdots n;\ j=1,2,\cdots p\ (0<\beta<1)$$

第九步，随机选取下一个学习样本向量提供给网络，返回到第三步，直到各训练样本训练完毕。

第十步，重新从各学习样本中随机选取一组输入和目标样本，返回第三步，直到网络全局误差 E 小于预先设定的一个极小值，即网络收敛。如果学习次数大于预先设定的值，网络就无法收敛。

可以看出，在以上的学习步骤中，第七、八步为网络误差的“逆传播过程”，第九、十步则用于完成训练和收敛过程。

对于 BP 网络，有一个非常重要的定理，即对于任何在闭区间内连续的函数都可以用单隐层 BP 网络逼近，因而一个三层 BP 网络就可以完成任意的维到维的映射，因此本实验使用三层 BP 网络进行预测，学习函数：输入层到隐层使用 tansig 函数，隐层到输出层使用 logsig 函数。

在原数据表中选取同一条件下的每一组数据中的第一个数据作为测试数据，剩余数据为训练数据样本。

第三节　算例分析

一、算例无人机基本性能

（一）MQ-1 捕食者

MQ-1 捕食者（Predator）是一种无人机，如图 2-10 所示，美国空军描述为“中海拔、长时程”（MALE）无人机系统。它可以扮演侦察角色，可发射两枚 AGM-114 地狱火飞弹。它采用大展弦比下单翼常规气动布局设计，机身结构主要采用碳纤维一环氧树脂/凯夫拉复合材料，尾翼采用倒置 V 形设计，尾翼上面的机身内若采用 80 马力（1 马力≈735.5 W）的四冲程罗泰克斯 912UL 活塞发动机则为 RQ-1K，若采用 113 马力的罗泰克斯 914 四缸四冲程涡轮增压发动机则为 RQ-1L。

图 2-10　MQ-1 捕食者无人机

“捕食者”初始作战功能是战术侦察，据称能够提供长达 40 h(也有 60 h 之说）的持续监视能力。其主要任务载荷是装载机头下放炮塔的光电/红外传感器，后来加装了诺斯罗普·格鲁门公司 AN/ZPQ-1 战术合成孔径雷达，分辨率达到 3m，增强恶劣天候下的侦察能力。“捕食者”装备了 UHF 和 VHF 电台、C 波段数据链来实现地面遥控和侦察信息的接收；在远距离上，则使用 Ku 波段卫星数据链来传输任务控制信息以及侦察图像信息。

本质上，“捕食者”是依靠对战场实时视频探测和传输来实现战术侦察的目的。“捕食者”在技术上的突破是，采用大展弦比机翼、使用高比例复合材料，首次实现了 40 h 的超长时间巡航；在机头安装了大尺寸碟形卫星通信天线，实现远距离大容量信息实时传输。

在监视并同时打击时间敏感目标的需求驱动下，美国开始为“捕食者”加装“地狱火”反坦克导弹。加装导弹的“捕食者”改型编号为 MQ-1L “死神”。“死神”在机翼中段增加了两个外挂点，并且加强了翼梁结构。为了适应新增加的武器系统，MQ-1L 将原有的 AN/AAS-44 (V) 热成像/激光指示器转塔改进为 AN/AAS-52 (V) “多频谱目标指示系统”，该系统增加了激光测距/指示器和用于半主动激光制导“地狱火”的激光照射器。2001 年 2 月 16 日，“死神”发射了一枚“地狱火”导弹，命中了一个静止坦克靶标，实现了人类第一次无人机导弹攻击。两个武器挂架可挂载 2×AGM-114 地狱火导弹 (MQ-1B) 或 2×AIM-92 Stinger (MQ-1B)。基本参数见表 2-4。

表 2-4 MQ-1 捕食者无人机的基本参数

飞机长度	8.22 m
飞机高度	2.1 m
翼展	14.8 m（不同型号略有不同）
最大起飞质量	1 020 kg
最大飞行高度	7 620 m
最大飞行速度	280 km/h
最大续航时间	40 h
最大航程	3 700 km
空重	512 kg
最大起飞质量	1 020 kg（机翼两个挂点）
最大速度	217 km/h
巡航速度	130～165 km/h

（二）翼龙

“翼龙”无人机是一种中低空、军民两用、长航时多用途无人机，总体设计与“捕食者”相似，如图 2-11 所示。“翼龙”于 2007 年 10 月完成首飞，2008 年 10 月完成性能/任务载荷飞行试验。“翼龙”无人机也采用常规气动布局，有利于长时间巡航的大展弦比中单翼，上 V 型尾翼，机身尾部装有一台 100 马力的活塞式发动机，采用前三点式起落架，具有收放和刹车功能，机体结构选用铝合金材料，机头卫星天线罩采用透波复合材料。

图 2-11 “翼龙”无人机

该机有效载荷包括各种侦察、激光照射/测距和电子对抗设备，机翼能够挂载小型空地打击武器，可执行监视、侦查及对地攻击任务等任务。可 360°环视的光电吊舱与“捕食者”一样布置在机头下方，以获取最佳前向和环视视野，其中应该至少包括热像仪通道、白光 CCD 通道和激光测距/指示通道。“翼龙”翼下共两个挂点，主要机载武器为半主动激光制导空地战术导弹。基本参数见表 2-5。

表 2-5 “翼龙”无人机的基本参数

飞机长度	9.344 m
飞机高度	2.774 m
翼展	14.0 m
机身最大宽度	1.063 m
机身最大高度	1.092 m
最大起飞质量	1 200 kg
最大飞行高度	5 300 m
最大飞行速度	280 km/h
最大续航时间	20 h
最大航程	4 000 km
起飞滑跑距离	800 m
着陆滑跑距离	600 m（刹车）
最大燃油和任务载荷质量	350 kg
最大任务载荷质量	200 kg（机翼两个挂点）
最大载燃油量	300 kg

（三）鹞鹰 2

鹞鹰 2 无人机是贵航发展的军民两用高精度测绘无人机平台，如图 2-12 所示。在战术打击需求牵引下，贵航将战场测绘、高质量战场视频获取、对地精确打击等任务特性结合起来，发展出了鹞鹰 2 战术侦察/攻击无人机。

图 2-12　鹞鹰 2 无人机

鹞鹰 2 无人机采用了类似“翼龙”的总体设计，但是又有很多关键的不同。鹞鹰 2 同样采用常规气动布局，上 V 型垂尾，机头卫星天线罩，但是卫星天线罩体积较小，机身下面设计了明显的合成孔径雷达舱，机头下方并未设计光电转塔，而是一个具有良好向下视野的光学舱口。

鹞鹰 2 战术侦察/攻击无人机起初源于中国“863 计划”地球观测与导航技术领域“无人机遥感载荷综合验证系统”重点项目。该项目攻克了无人机实现双装载遥感飞行的技术难题，在国内第一次成功实现了高精度、多载荷、同平台遥感成像，获取了有重要科研价值的数据。

鹞鹰 2 无人机于近期完成了高精度全极化合成孔径雷达和高光谱光学载荷双装载试验飞行。

该机采用螺旋桨布局，机腹部位安装了大型传感装置，在两翼下挂载了 4 枚导弹。该机无外挂最长可巡航 32 h，升限为 7 000 m，最大飞行速度每小时约 215 km，最大可挂载 400 kg 的任务载重。最大起飞质量 1 280 kg。

鹞鹰 2 最大的特色是在机腹挂载有一部尺寸较大的合成孔径雷达。通过与机载 GPS/北斗 2 卫星定位系统相配合，可以获得目标 SAR 图像的大地地理坐标。这样就可以直接为国产“飞腾”“雷石”和“雷霆”系列等惯导/卫星制导武器直接装订目标坐标，也可以将目标地理坐标传送给其他远程打击平台，如战斗轰炸机、远程火箭炮、战术弹道导弹等，实施远程精确火力打击。基本参数见表 2-6。

表 2-6　鹞鹰 2 无人机基本参数

飞机长度	7.515 m
飞机高度	2.772 m
翼展	14.400 m
最大起飞质量	1 280 kg
最大飞行高度	7 500 m
最大飞行速度	215 km/h
最大续航时间	32 h
最大航程	6 700 km
起飞滑跑距离	800 m
着陆滑跑距离	600 m（刹车）
最大燃油和任务载荷质量	400 kg
最大任务载荷质量	200 kg（机翼 2 个挂点）
最大载燃油量	300 kg

鹞鹰 2 的这种能力，欧美等军事强国也只在装备先进机载火控雷达的四代、三代半战斗机上实现了。美军“捕食者”“死神”“死神 B”等无人机上搭载的合成孔径雷达由于天线尺寸较小，精度尚未达到火控级的水平。

（四）彩虹-3

彩虹-3（CH-3）无人机是由中国航天科技集团公司自主研发的，是一种由无线电遥控设备或自身程序控制装置操纵的无人驾驶飞行器，如图 2-13 所示。彩虹-3 无人机中程无人机系统的主要装备构成包括：中程无人机、地面车载遥测遥控站和地面保障设备。彩虹-3 无人机采用的是活塞发动机，最远航程能达到 2 400 km，巡航时间可达 12 h，其间无须加油。该飞机装有照相、摄像等装置，可作为侦察机使用。

图 2-13　彩虹-3（CH-3）无人机

相对于其他无人机，该机具有如下特点：第一，体型较大，其翼展 8 m，机长 5.5 m，起飞质量达 640 kg；第二，有效载荷 60 kg，最大载荷 100 kg，可携带光电侦察设备甚至 AR-1 型空地导弹（下文将重点介绍）；第三，巡航高度 3 000～5 000 m，最大升限 6 000 m，较普通无人机更优秀；第四，配备三点式起落架，可以从跑道起飞，而其他无人机通常只能弹射起飞；第五，采用活塞式发动机，滞空时间长达 12 h，最大航程 2 400 km，许多载人战机都难以企及。

彩虹-3 挂载的 AR-1 型空地导弹，更是全世界第一种专为无人机开发的类似武器。该弹性能类似著名的美制“小牛”导弹，采用惯性加 GPS 复合制导，质量仅为 45 kg，弹头装有 6.8 kg 高能混合炸药，最大破甲厚度为 1.4 m。彩虹-3 挂载这种对地攻击利器后，完全可以打击敌方坦克、固定工事等目标。基本参数见表 2-7。

表 2-7 彩虹-3（CH-3）无人机基本参数

飞机长度	5.5 m
翼展	8 m
最大起飞质量	640 kg
最大飞行高度	6 000 m
最大续航时间	12 h
最大航程	2 400 km
最大燃油和任务载荷质量	100 kg
最大任务载荷质量	60 kg（机翼两个挂点）

（五）X-47B

X-47B 是一架试验型无人战斗航空器（UCAV），由美国国防技术公司诺斯罗普·格鲁门公司开发，如图 2-14 所示。X-47 项目开始于国防高等研究计划署的 J-UCAS 计划，现在已经是美国海军旨在发展舰载无人飞机的 UCAS-D 计划的一部分。X-47B 于 2011 年首飞，并在 2013 年成功完成了一系列的地面及舰载测试。2013 年 5 月 14

日，X-47B 于布希号（CVN-77）成功进行起飞测试，并于 1 h 后降落马里兰州帕杜克森河海军航空站。

图 2-14 X-47B 无人机

X-47B 是人类历史上第一架无须人工干预、完全由电脑操纵的"无尾翼、喷气式无人驾驶飞机"，也是第一架能够从航空母舰上起飞并自行回落的隐形无人轰炸机。于 2011 年 2 月 4 日在美国加利福尼亚州爱德华兹空军基地首飞成功。飞行测试共持续了 29min 左右，飞机最高爬升了 1 500m 左右的高度。

2013 年 5 月 14 日，美国海军首次从"乔治·布什号"航空母舰上弹射起飞一架 X-47B 无人机并获得成功，X-47B 无人机项目 2007 年启动，耗资 14 亿美元。2013 年 7 月 10 日，一架 X-47B 型无人机降落在"乔治·布什"号航空母舰上。

X-47B 无人驾驶飞机具备高度的空战系统，可以为美军执行全天候的作战任务提供作战支持。X-47B 无人战斗机首先应该具备良好的隐身性能和战场生存能力；其次该型机将可以携带各种传感设备和内部武器装备载荷，可以满足联合作战网络作战的需求；最后该型机还应当能够进行空中加油，以提高战场覆盖能力和进行远程飞行。X-47B无人机的陆基检查、替代飞机飞行测试和实验室综合测试显示了新型飞机对引导员的巨大挑战。X-47B无人机在测试中，推进声学和发动机启动顺序没有达到要求的性能水平，在进一步行动前，需要工程师进行故障检修，做出相关调整并增加实验室和飞机搭载测试。

诺斯罗普·格鲁门公司已经开始制造X-47B型联合无人空战系统(J-UCAS)，该无人机是世界上首架陆基和航空母舰都能使用的无人驾驶侦察攻击机。X-47B外形与B-2型隐形轰炸机极其相似，被称为缩小版的B-2。尺寸直逼美海军现役的F/A-18E/F超级大黄蜂战斗机。X-47B两个内置弹舱各可以容纳一枚2 000磅级的JDAM，其载弹量要远远超过现役无人机。基本参数见表2-8。

表2-8　X-47B无人机基本参数

乘员	无乘员（半独立操作）
长度	11.63 m
翼展	18.92 m，折叠后9.4 m
高度	3.10 m
空重	6 350 kg
最大起飞质量	20 215 kg
动力	1×普惠F100-220U涡扇发动机
最高速度	高亚音速
巡航速度	0.9马赫*
实用升限	12 190 m
航程	3 889 km

注：*马赫是表示速度的量词，通常用于表示飞机和导弹的飞行速度。

（六）利剑隐身无人攻击机

利剑隐身无人攻击机是由中航工业沈阳飞机设计研究所主持设计、中航工业洪都公司制造的无人机，如图 2-15、图 2-16 所示。于 2009 年启动，经过 3 年试制，于 2012 年 12 月 13 日在江西某飞机制造厂总装下线，随后进行了密集的地面测试。2013 年 5 月进入地面滑行测试，这意味着利剑无人机距离首飞更近了一步，也意味着中国将抢在英国“雷神”无人机之前，继美国的 X-47B 无人机和欧洲“神经元”无人机之后，成为世界第三个试飞大型隐身无人攻击机的国家。2013 年 11 月 21 日，利剑隐身无人攻击机在西南某试飞中心成功完成首飞。

利剑无人机翼展为 14m 左右，外形布局采用了和 X-47B 类似的飞翼无尾布局，具备良好的隐形能力及战场生存能力。该机机身据推测是采用钨及其他复合材料制造，机腹弹仓经过特殊设计，并具有自动跟踪和侦察功能，掌握自主知识产权。

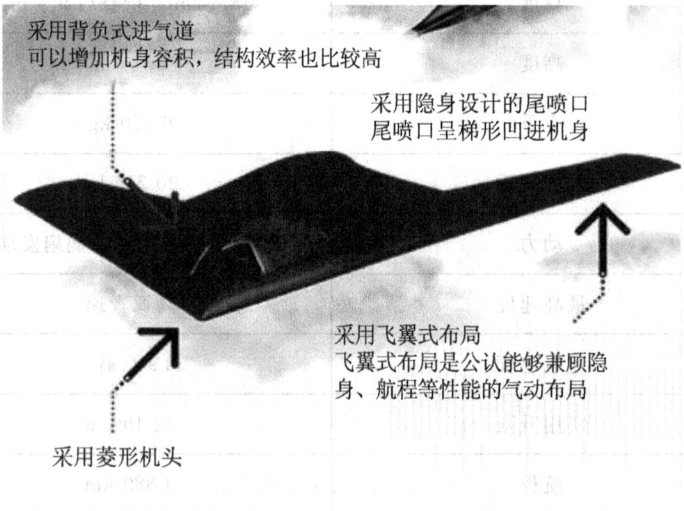

图 2-15 利剑隐身无人攻击机

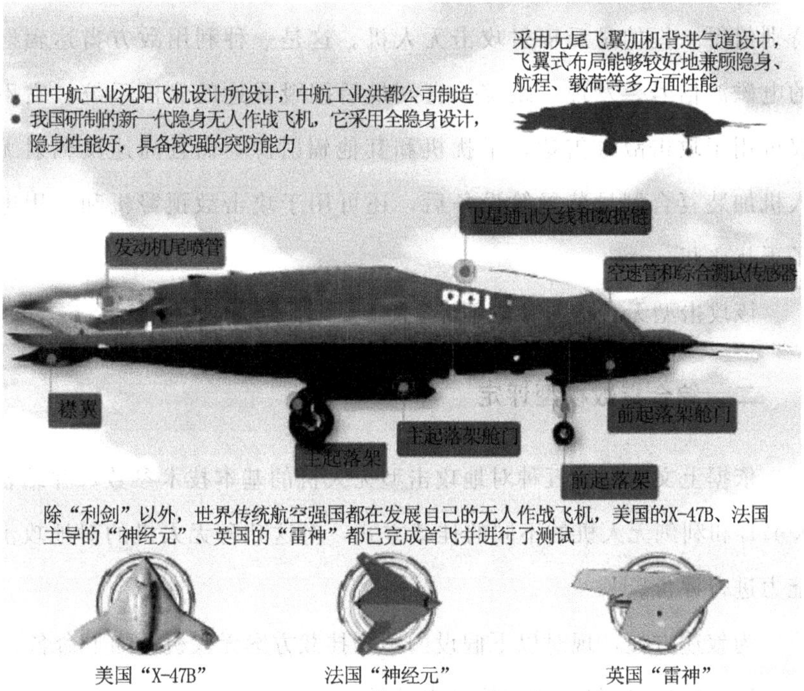
采用无尾飞翼加机背进气道设计，
飞翼式布局能够较好地兼顾隐身、
航程、载荷等多方面性能
由中航工业沈阳飞机设计所设计，中航工业洪都公司制造
我国研制的新一代隐身无人作战飞机，它采用全隐身设计，
隐身性能好，具备较强的突防能力
卫星通讯天线和数据链
发动机尾喷管
空速管和综合测试传感器
襟翼
前起落架舱门
主起落架舱门
主起落架
前起落架
除“利剑”以外，世界传统航空强国都在发展自己的无人作战飞机，美国的X-47B、法国
主导的“神经元”、英国的“雷神”都已完成首飞并进行了测试
美国“X-47B”
法国“神经元”
英国“雷神”

图 2-16 利剑隐身无人攻击机

利剑无人机实现了翼身融合的飞翼布局，这些都决定了“利剑”的雷达反射信号特征非常低，从而可以对敌后纵深高价值地面目标进行精确打击。这一点，是中国现役有人战机所不具备的。

利剑无人机的尾喷口设计并没有采用隐形化处理，而是直接裸露在外。这样，尾喷口的高温会导致被敌方红外传感器发现的概率增加。假如在尾喷口添加钨，由于钨的熔点高达 3 410 ℃，耐高温，能够隔绝高温，使得无人机更加隐性化。美国的 X-47B 和法国的“神经元”，尾喷口都采用了隐形设计。

作为一种空中运载工具，该无人机也能携带多种对地攻击武器，飞往前线或深入敌占区，对地面军事目标进行打击。它可以用空对地导弹或炸弹对敌防空武器实施压制；用反坦克导弹等对坦克或坦克群进行攻击；用集束炸弹等武器对地面部队集结点等进行轰炸。特别值得一提的是反辐射攻击无人机。这是一种利用敌方雷达辐射的电磁波信号，发现、跟踪，直到最后摧毁雷达的武器系统。它不仅可用于攻击敌方雷达、干扰机和其他辐射源，而且高速反辐射无人机加装复合制导装置等设备后，还可用于攻击敌预警机和专用电子干扰飞机。

该攻击型无人机的参数不详。

二、综合指数模型评定

依据上文介绍的五种对地攻击型无人机的基本技术参数，并结合X-47B和利剑无人机的不同的挂载方式，对这几种无人机的对地攻击能力进行评价。

为叙述方便，现对以下假设的不同挂载方案无人机做如下命名。

X-47B-1：挂载 4 枚对地攻击导弹。

X-47B-2：挂载两枚 2 000 磅级的 JDAM 联合攻击炸弹。

X-47B-3：挂载 2 枚对地攻击导弹和 1 枚 2 000 磅级的 JDAM 联合攻击炸弹。

利剑-1：挂载 4 枚对地攻击导弹。

利剑-2：挂载 2 枚对地攻击精确制导炸弹。

利剑-3：挂载 2 枚对地攻击导弹和 1 枚对地攻击精确制导炸弹。

由于缺乏利剑无人机的基本参数资料，文中出现的有关利剑无人机的数据均属于猜测。

（一）评价指标的公度化

依据前文各种无人机的基本技术参数，结合专家打分综合评定法，现列出各种无人机各参数的具体数值，见表 2-9。

表 2-9 不同型号无人机各参数的具体数值

指标 型号	*L*	*G*	*T*	*Sc*	*Sj*	*K*
捕食者	576	349	285	307	87	0.3
翼龙	553	364	283	321	76	0.27
彩虹-3	437	345	263	287	53	0.27
鹞鹰 2	507	350	253	330	66	0.3
X-47B-1	836	957	749	631	143	0.7
X-47B-2	836	821	749	631	143	0.7
X-47B-3	836	886	749	631	143	0.7
利剑-1	817	973	736	659	127	0.64
利剑-2	817	857	736	659	127	0.64
利剑-3	817	907	736	659	127	0.64

在无人机对地攻击指标体系中，这些指标为极大型指标，有的指标有单位，有的指标没有单位。因此在对生存力进行评价之前，必须对指标进行公度化处理。按照当指标 Uj 为极大型时，其无量纲指标为：

$$x'_{ij}=\frac{x_{ij}-x_{\min j}}{x_{\max j}-x_{\min j}}\quad (i=1,\ 2,\ \cdots,\ n)$$

当指标 Uj 为极小型，其无量纲指标为：

$$x'_{ij}=\frac{x_{\max j}-x_{ij}}{x_{\max j}-x_{\min j}}\quad (i=1,\ 2,\ \cdots,\ n)$$

利用上述两式对指标进行公度化处理，公度化后的数据见表 2-10。

表 2-10 各指标公度化后的数据

指标 型号	*L*	*G*	*T*	*Sc*	*Sj*	*K*
捕食者	0.348 4	0.006 4	0.064 5	0.053 8	0.377 8	0.069 8
翼龙	0.290 7	0.030 3	0.060 5	0.091 4	0.255 6	0
彩虹-3	0	0	0.020 2	0	0	0
鹞鹰 2	0.175 4	0.008 0	0	0.115 6	0.144 4	0.069 8
X-47B-1	1	0.974 5	1	0.924 7	1	1
X-47B-2	1	0.758 0	1	0.924 7	1	1
X-47B-3	1	0.861 5	1	0.924 7	1	1
利剑-1	0.952 4	1	0.973 8	1	0.822 2	0.860 5
利剑-2	0.952 4	0.815 3	0.973 8	1	0.822 2	0.860 5
利剑-3	0.952 4	0.894 9	0.973 8	1	0.822 2	0.860 5

(二)指标权重的确定

由三个定权者进行打分，对三个专家的分数进行处理。定权者甲所给出的判断矩阵见表 2-11。

表 2-11 定权者甲给出的判断矩阵

项 目	*L*	*G*	*T*	*Sc*	*Sj*	*K*
L	1	4	4	3	1/3	1/3
G	1/4	1	3	3	1/3	1/3
T	1/4	1/3	1	1/3	3	3
Sc	1/3	1/3	3	1	1/2	1/2
Sj	3	3	1/3	2	1	3
K	3	3	1/3	2	1/3	1

进而求出特征向量：

[0.489 8　0.301 3　0.398 0　0.245 4　0.536 0　0.404 3]

得出各个指标的权重为：

[0.206 2　0.126 9　0.167 6　0.103 4　0.225 7　0.170 3]

由于本书采用层次分析法进行问题处理，故还要根据求得的 λ_{max} 来进行一致性检验。设一致性为 CI，则：

$$CI=\frac{\lambda_{max}-n}{(n-1)\ RI}=0.099\ 0$$

定权者乙所给出的判断矩阵见表 2-12。

表 2-12　定权者乙给出的判断矩阵

项 目	***L***	***G***	***T***	***Sc***	***Sj***	***K***
L	1	3	4	3	1/3	1/3
G	1/3	1	3	3	1/3	1/3
T	1/4	1/3	1	1/3	3	3
Sc	1/3	1/3	3	1	1/2	1/2
Sj	3	3	1/3	2	1	3
K	3	3	1/3	2	1/3	1

进而求出特征向量：

[0.466 9　0.313 7　0.404 7　0.250 7　0.540 2　0.406 4]

得出各个指标的权重为：

[0.196 0　0.131 7　0.169 9　0.105 2　0.226 7　0.170 6]

一致性为 CI，则：

$$CI=\frac{\lambda_{max}-n}{(n-1)RI}=0.098\ 2$$

定权者丙所给出的判断矩阵见表 2-13。

表 2-13 定权者丙给出的判断矩阵

项 目	*L*	*G*	*T*	*Sc*	*Sj*	*K*
L	1	4	3	3	1/3	1/3
G	1/4	1	3	3	1/3	1/3
T	1/3	1/3	1	1/3	3	3
Sc	1/3	1/3	3	1	1/2	1/2
Sj	3	3	1/3	2	1	3
K	3	3	1/3	2	1/3	1

进而求出特征向量：

[0.460 1　0.313 2　0.411 0　0.253 7　0.540 3　0.406 2]

得出各个指标的权重为：

[0.193 0　0.131 3　0.172 4　0.106 4　0.226 6　0.170 3]

一致性为 CI，则：

$$CI=\frac{\lambda_{\max}-n}{(n-1)\ RI}=0.098\ 4$$

三位定权者得出的比重和平均结果见表 2-14。

表 2-14 三位定权者给出比重的平均值

权重值＼指标		*L*	*G*	*T*	*Sc*	*Sj*	*K*
权重	甲	0.206 2	0.126 9	0.167 6	0.103 4	0.225 7	0.170 3
	乙	0.196 0	0.131 7	0.169 9	0.105 2	0.226 7	0.170 6
	丙	0.193 0	0.131 3	0.172 4	0.106 4	0.226 6	0.170 3
平均		0.198 4	0.130 0	0.170 0	0.105 0	0.226 4	0.170 4
权重排序		2	5	4	6	1	3

（三）无人机对地攻击能力计算

对无人机对地攻击能力的计算详见表 2-15。

表 2-15　无人机对地攻击能力计算结果

项目＼机型	捕食者	翼龙	彩虹-3	鹞鹰 2	X-47B-1
效能评价值	0.184 0	0.139 4	0.003 4	0.092 6	0.989 0
效能排序	7	8	10	9	1
项目＼机型	**X-47B-2**	**X-47B-3**	**利剑-1**	**利剑-2**	**利剑-3**
效能评价值	0.960 8	0.974 3	0.922 3	0.898 3	0.908 6
效能排序	3	2	4	6	5

三、专家评估法评定

（一）评估主题

攻击型无人机对地攻击能力。

（二）需准备的材料

① 攻击型无人机的发展趋势。

② 攻击型无人机的应用。

③ 对地攻击型无人机的作战模式。

④ 现存攻击型无人机性能介绍。

⑤ 评价指标的确立。

⑥ 评估指标的量化方法。

以上材料请参与评估的专家在评估前认真阅读。

（三）评估标准

在本次评估中，把攻击型无人机对地攻击能力的大小分为 10 个等级。最低等级为 1，最高等级为 10。请各位参与评估的专家根据给定的攻击型无人机量化指标值给出该型无人机对地攻击能力的大小评估。参考评估标准见表 2-16。

表 2-16　参考评估标准

指标 型号	*L*	*G*	*T*	*Sc*	*Sj*	*K*	效能
彩虹-3	437	345	263	287	53	0.27	1
X-47B-1	836	957	749	631	143	0.7	9.5

（四）给出待评无人机的指标量化值

待评无人机的指标量化值见表 2-17。

表 2-17　待评无人机的指标量化值

指标 型号	*L*	*G*	*T*	*Sc*	*Sj*	*K*
捕食者	576	349	285	307	87	0.3
翼龙	553	364	283	321	76	0.27
彩虹-3	437	345	263	287	53	0.27
鹞鹰 2	507	350	253	330	66	0.3
X-47B-1	836	957	749	631	143	0.7
利剑-1	817	973	736	659	127	0.64

（五）评估

按照本书步骤组织专家进行评估，这里不予赘述。

（六）评估结论

对专家评估结果统计处理，评估结果见表 2-18。

表 2-18 专家评估结果统计处理汇总

型号＼指标	*L*	*G*	*T*	*Sc*	*Sj*	*K*	效能
捕食者	576	349	285	307	87	0.3	2
翼龙	553	364	283	321	76	0.27	1.8
彩虹-3	437	345	263	287	53	0.27	1
鹞鹰 2	507	350	253	330	66	0.3	1.4
X-47B-1	836	957	749	631	143	0.7	9.5
利剑-1	817	973	736	659	127	0.64	9.2

四、BP 神经网络预测法评定

（一）对神经网络训练

利用上节专家评估法评估的结果对 BP 神经网络进行训练，训练的结果见表 2-19，预测结果与实验结果对比，如图 2-17 所示。

表 2-19 训练结果

型号＼指标	专家评估效能	神经网络预测效能
捕食者	2	2.036 2
翼龙	1.8	1.749 2
彩虹-3	1	0.975 3
鹞鹰 2	1.4	1.508 6
X-47B-1	9.5	9.469 1
利剑-1	9.2	9.253 5

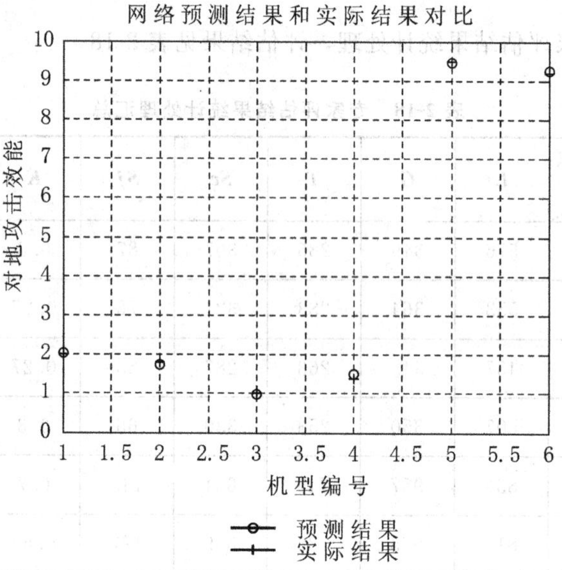

图 2-17　预测结果与实际结果对比

（二）利用神经网络进行评估

利用上面训练得到的神经网络对以下 4 种无人机进行评估，待评的无人机性能指标见表 2-20。

表 2-20　待评的无人机性能指标

型号 \ 指标	神经网络预测效能
X-47B-2	9.342 1
X-47B-3	9.386 9
利剑-2	9.037 7
利剑-3	9.076 2

第三章　寿命周期费用分析

第一节　相关概念

攻击型无人机的寿命是从人的寿命这一概念借用来的，用来表示无人机的耐久性。有关寿命的概念很多，其定义范畴各不相同，具体含义也不相同，一般来说，主要有如下几种。

第一，自然寿命。自然寿命是指某一攻击型无人机从开始使用到不能继续使用为止的持续工作时间或日历时间。自然寿命是一个随机变量。每架攻击型无人机的自然寿命是不可预测的。

第二，规定寿命。规定寿命是指大量攻击型无人机自然寿命的统计值。规定寿命是一种技术指标，它与装备的自然寿命有着本质区别。中国人民解放军航空工程条例规定："航空技术装备的寿命是指装备按照规定进行使用、维修和保管的条件下允许用于飞行的规定时限。"需要说明一点，"规定寿命"定义中的"规定"是指对寿命终结标志所做的规定，而不是对所使用条件和功能所做的规定。各种规定寿命的不同之处就在于其寿命终结的标志不同。

规定寿命的种类很多，根据定义的范畴、寿命终结的标志划分，常用的规定寿命包括以下几种。

无故障寿命：攻击型无人机无故障（此处指相关故障）的工作时间。无故障寿命终结的标志是攻击型无人机发生了相关故障。

安全寿命：过去认为，安全寿命本质上是一种无故障寿命，通常是描述结构件耐久性的指标，安全寿命终结标志是结构发生了可见裂纹。

可靠寿命：可靠寿命是指攻击型无人机满足规定的可靠性指标的累积工作时间或日历持续时间。可靠寿命终结的标志是攻击型无人机的可靠性指标下降到了规定值。确定可靠寿命的可靠性指标主要有三种，即可靠度、故障率和任务可靠度。

技术寿命：技术寿命是一种综合反映攻击型无人机技术水平的指标，它要求技术上的先进性。对于军用攻击型无人机来说，由于它是作为一种武器使用的，对技术水平上的先进性要求不言而喻。技术寿命不仅与攻击型无人机本身的技术状态有关，还与整个国家的经济实力、新装备的研制成果有关，还与敌方的技术水平及性能有关。

经济寿命：经济寿命主要以使用经济性作为寿命终结的标志。一般是指攻击型无人机出现大面积的损伤，不修则不能用，修又不合算，此时即称攻击型无人机达到了经济寿命。应当指出，不同装备不同国家关于经济寿命终结的标志是不尽相同的。

第三，攻击型无人机的寿命周期（Life Cycle）。一个完整的装备是指一项重大的最终项目以及为使用和保障该项目所需的所有部件，包括有关设施、设备、材料、数据、人员和服务等。这里的“最终项目”指一个设计、制造成功了的项目。就军用攻击型无人机而言，其寿命周期指该机型从论证开始直到退役为止的整个周期。根据我国原航空工业部有关文件精神，攻击型无人机的寿命周期可分为如下几个阶段。

研制阶段：该阶段又可分为以下六个阶段：一是战术技术和技术经济可行性论证阶段；二是总体研制方案论证阶段；三是技术设计和样机审定阶段；四是详细设计和试验、试制阶段；五是试飞和设计定型阶段；六是试用和生产定型阶段。

采购阶段：又可分为以下几个阶段：一是生产阶段；二是定价阶段；三是交付阶段。

使用保障阶段：一是装备阶段；二是使用保障阶段。

退役处置阶段。

第四，攻击型无人机寿命周期费用。消耗的资源（人、财、物和时间）通常用货币度量。

攻击型无人机寿命周期费用（Life Cycle Cost，LCC）：在预期的寿命周期内，为攻击型无人机的论证、生产、使用、维修与保障、退役所付出的一切费用之和。

注意，有些费用如修建机场、营房等费用与具体型号无关，不应计算在内。此外，还应注意“不重”和“不漏”的原则。如某型发动机可以装在多种型号的机型上，其研制费已在原装备型号的攻击型无人机研制费中支出，其后装备的攻击型无人机就不应再计入该型发动机的研制费。

美国布兰查德教授对 LCC 分析的定义为：“寿命周期费用分析，是一种系统的分析方法，用于选择和确定装备等的有限资源的最佳费用，并为此而对各种方案做出必要的评价。”具体地说，“是用于对装备的设计构型、生产计划、后勤保障方针等方面可供选择的方案进行评价，以寿命周期费用的效果大小为标准，逐步进行分析，使提出的方案或问题获得费用效果最佳解答的一种方法”。

在这个定义中，对 LCC 分析做了全面阐述。理解这个定义应该把握如下几点：

一是LCC分析方法是一种系统分析方法，必须用系统的观点来看待和应用它。

二是LCC分析的主要内容是针对可供选择的各种方案进行评价。

三是评价方案的标准是寿命周期费用效果的大小。

四是LCC分析的目的是要得到费用效果最佳的解答。

日本寿命周期费用委员会关于LCC分析所下的定义为："为了使用户所用的系统（设备）具有经济的寿命周期费用，在系统（装备）的开发研制阶段将寿命周期费用作为设计参数，并对系统（装备）方案进行彻底分析比较时做出决策的一种方法。"

研究寿命周期费用的每一构成要素在总费用中所占的比例，分析影响寿命周期费用的各种因素，并运用一定方法和手段对寿命周期费用做出估算，是寿命周期费用分析的基础。

寿命周期费用分析的主要目的是进行寿命周期费用统筹，为决策提供依据。决策过程中需要考虑的基本因素是寿命周期费用和系统效能。

第二节　国外攻击型无人机寿命周期费用模型

机体研制费用是指攻击型无人机的机体结构和机上所有的机械、电气系统与设备的费用，不包括发动机、机载电子设备、武器和非机械、电气的仪表与设备的费用，但又包括它们在机体上安装的费用。

美国军方的攻击型无人机系统研制主管部门与系统分析部门、美国各主要航空制造公司以及其他一些有关单位都研究、建立或使用过相关参数估算模型，主要模型有以下几种。

一、PRC547 模型

该模型是美国计划研究公司（PRC）在 1965 年建立的，1967 年在此基础上做了改进建立了 PRC547-A 模型。其主要目的是发展可用于效费比研究和评审合同商建议书的适当技术。此两模型采用的样本包括 20 世纪 40 年代以后共 41 种类型的美国空、海军攻击型无人机。在费用驱动因子选取上，PRC547 选择高空的最大速度、海平面速度、最大起飞质量与空重比、研制年代指数、机体质量和技术复杂性指数等 6 个；而 PRC547-A 则仅选质量、速度和它们的某一函数。

此两模型既可估算研制费用，又可估算生产费用。其区别仅在于两个阶段中攻击型无人机架数这一参数的考虑。

二、RAND 模型

美国兰德公司（RAND）受美国军方委托，在此领域开展了大量工作。1967 年就开始提出第一种模型 DAPCAⅠ，随后在 1971 年建立 DAPCAⅡ，最后在 1976 年又建立了 DAPCAⅢ模型。在建立这些模型的过程中，还就有关问题做了许多工作，如建立了不分费用项目的机体计划总费用的估算模型，考虑难度指数或将样本分为子样本的机体计划总费用的估算模型，费用分项目或不分项目的原型机研制计划费用的估算模型等。

三、FR-103-USN 模型

该模型是美国 J. 沃森·诺亚奇联合公司受美国海军作战部长委托，在 1973 年建立的，其目的是用以审查攻击型无人机的研制与生产费用。此模型的样本包括 35 种各类型的美国空、海军攻击型无人机。所估算的机体费用仅分为一次性与重复性两类费用。一次性费用由研制费用和一次性采购费用组成。

四、MLCCM 模型

此模型全名是“模式寿命周期费用模型”。最初是由美国格鲁门航宇公司在 1976 年建立的，随后在样本中补充了 F-15A、F-16A、A-10A等攻击型无人机的数据，但在建模方法和模型结构上未做更改，于 1980 年将其更新。此模型包含的范围较广，可用于估算机体、发动机或电子设备的研制、生产或使用保障费用。此外，在生产费用和使用保障费用方面，又将样本分为子样本，对各型攻击型无人机（分为战斗机、攻击机和货运机）分别建立了各自的费用估算关系式，但对于研制费用，并未按攻击型无人机类型区分，只建立了统一的估算关系式。

样本数据是由美国空军飞行动力试验室搜集后提供的，它取自各种来源，并由飞行动力试验室在各来源间互相校核以保证其精确性和可信性。另外，美国空军航空系统部审计办公室又进一步校核了其精确性。

五、LSSR56-82 模型

此模型是美国空军技术学院的小查尔斯·L. 贝克与丹尼斯·L. 法伊尔两人于 1982 年在他们的硕士论文中提出的。鉴于 MLCCM 模型对机体工程研制费用未就各型攻击型无人机进行假设，应用了参数分析技术和逐步多元回归分析技术，建立了此模型。在其建模过程中，采用了四步回归。

国内关于攻击型无人机寿命周期费用的研究起步较晚。自 20 世纪 80 年代中后期我军攻击型无人机研制、生产费用大幅上涨之后，才看到有关攻击型无人机型号研制费用估算的研究文章，此后攻击型无人机寿命周期费用研究受到重视，发展比较快。空军工程大学工程学院从 20 世纪 80 年代后期起开始对攻击型无人机及航空发动机寿命周期费用进行研究，并建立了相关的模型。北京航空航天大学、西北工业大学在该方面也开展了一系列研究工作。目前，在寿命周期费用研究学术交流中，有关攻击型无人机部分的研究日渐增多，本科及研究生中相关课程也陆续开出，为人才培养奠定了基础。

第三节　寿命周期费用模型类别

攻击型无人机寿命周期费用模型包括假设、定义、数学表达式和适用范围几个部分，但其包括一项或更多的数学关系式，并按攻击型无人机系统序列排列，形成费用计算方法，其输出由模型所需的输入导出。其费用模型可以是一个简单的方程式模型，也可以是极为复杂的模型。不同场合下使用的费用模型，其含义也有所不同，关于这一点，可从下面内容更为详细地看出。

不同的寿命周期费用模型，形成了不同的费用计算方法，主要有以下几种。

一、类比法

如果确定要研制的新设备的功能、结构及性能与某个现有设备相类似，则可利用现行费用，并考虑到它们的差异并予以相应的修正，从而得出其费用估算值，这就是类比估算法。通常用于设备系统计划的早期阶段（概念研究阶段），但较参数估算法来说其准确程度较差。

二、参数法

若新系统与以前的老系统类似，且老系统的物理特性、性能参数、费用数据存在，则可利用它们通过一定的数学方法建立起系统费用与系统的测度（尺寸、性能等）之间的关系，同样地，子系统的费用也可与他们的物理和性能属性相关，这样建立起来的关系式称为“费用估算关系式”（Cost Estimate Relation，CER）。此方法也称为“参数法”。

建立费用估算关系式的数学方法可以根据问题的特点而灵活选择。它不存在通用的规范。由于参数法的实质是从已建立的数据库外推，因此在使用参数法时，首先要判断数据库中过去的历史数据能否充分具有与未来新系统数据的共同性。其使用范围不能不加限制地加以推广。

费用估算参数法的优点主要表现在以下几方面：第一，它可在研制早期就加以应用；第二，使用方便、廉价；第三，客观性比较好；第四，不仅可以提供预期的费用估算值，还可提供置信区间。

费用估算参数法的缺点主要表现在以下几方面：第一，它不能用于一个全新的系统或新技术含量很高的系统；第二，即使用于一个改进的系统，该方法也需要进行一些调整，如设计方案、生产方法、使用与保障设想等，他们是不断变化的；第三，参数估算法一般用于系统级的费用估算，也可用于组成系统的分系统级，但一般不宜用于分系统以下各级的费用估算；第四，从目前情况分析，该法对使用与维修保障费用估算尚有不少需要解决的问题。主要问题在于其影响因素繁多，有许多参数是很难估算费用的。

三、工程估算法

相对于参数法和类比法从上到下整体估算费用而言，工程估算法则是自下而上地估计整体费用。当硬件系统及其使用的数据日益增多，更为详尽的寿命周期费用估算不仅必须而且日益可行。总系统费用分解为许多项目，这些细节费用用费用方程联系起来，这些方程可以详细反映这些细节在研制、生产、使用维修和保障中的相互作用，其反映的因果关系与实际情况更加接近，因而它可以反映当实际情况偏离过去情况时的真实情况。

费用估算法的参数法是逐步转向工程估算法的，而不是某一点上的突变。当对某个系统有足够的了解，达到使用工程估算法的条件时，就有理由采用此法。

工程估算法具有如下优点：第一，工程估算法的结果更为准确；第二，由于该法可以给出较为详细的数据，从而能对竞争的各个方案研究其费用差异；第三，本方法允许进行详细模拟和灵敏度分析，因为每个细节都经过详细研究，可用不同的方法进行重组；第四，使用工程估算法对于使用保障费用的估算有其明显优势。

工程估算法的不足之处表现在以下几方面：第一，该法对数据要求高，这一点在一定程度上会影响到其应用；第二，其估算结果很难进行评价与鉴定；第三，该法在某些费用输入上是主观的。这种主观对部分总费用和总费用计算影响较大。

以上对寿命周期费用的估算方法进行了分析，但必须认识到这些方法在应用中是互相补充地成为一个有机整体。在整个费用估算过程中，必须遵循迭代的原则，即随着方案或设计的改进，不断将费用估算值反馈给政府和有关承包商。

另外由于参数法可用于研制早期阶段，而这一阶段的决策对整个寿命周期费用有重大影响，因此就决定了参数法估算模型的地位与作用，它自然地成为人们重点研究的方法。

第四节 LCC 建模与应用实施程序

一、寿命周期费用建模步骤

在攻击型无人机概念设计的早期对不同方案及管理措施进行比较，并据此做出决策是建立寿命周期费用参数模型的目的。费用参数模型通常在费用发生之前进行，因此必须建立合理的费用估算关系式，解决各种算法问题。这项工作是寿命周期费用分析的核心内容，也是难点所在，通常费用估算又称费用建模。

二、LCC 分析程序

通用化的寿命周期费用分析过程如图 3-1 所示。

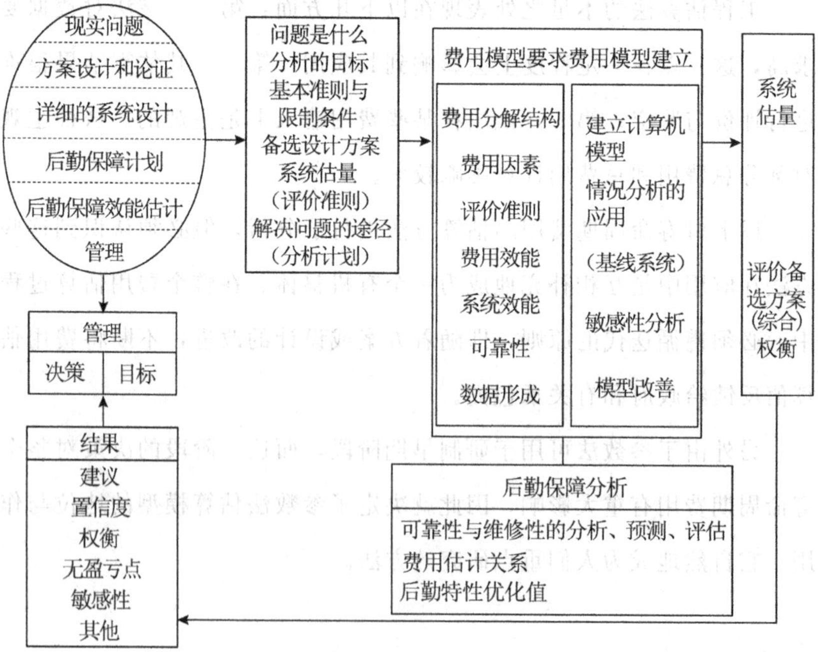

图 3-1 通用化的 LCC 分析程序

可见，寿命周期费用分析系统是闭环系统，其过程是反复进行的，能对寿命周期费用起控制和调节作用。现将图中内容略述如下。

一是任务分析。这是进行 LCC 分析的第一步，即首先要把 LCC 分析的任务、要求弄清楚，以便界定 LCC 分析工作的范围。

二是收集数据。由于所需数据范围很广，既有费用数据，又有性能、可靠性、维修性、保障性等方面的数据。这是一项艰难的工作，它可占到 LCC 分析工作量的 90%左右。但正是在这种情况下，更要注意在收集数据时进行细致考虑，否则，极有可能在大量的数据面前无所适从，从而导致该要的数据没拿到，不想要的数据却收集了一大堆。

三是建立假设。建立有效的假设对 LCC 分析是很重要的，因为假设对于使抽象的 LCC 问题更接近于现实世界是很有用的。假设应由相应领域的专家做出。

典型的假设包括：采购量与研制架数、熟练曲线指数、使用要求、维修保障计划、系统寿命、通货膨胀率等。

四是 LCC 估算。进行 LCC 估算时，首先要根据当前所处阶段，正确选择 LCC 估算模型，然后进行估算。

五是系统效能估算。

六是进行效一费综合权衡分析。

第四章　效费综合分析

第一节　效费权衡分析基本程序

当攻击型无人机系统级进行效费权衡分析时，其基本程序如图4-1所示。对于其他层次上的权衡分析，其工作程序基本相同，只是对象不同，具体内容也不同。

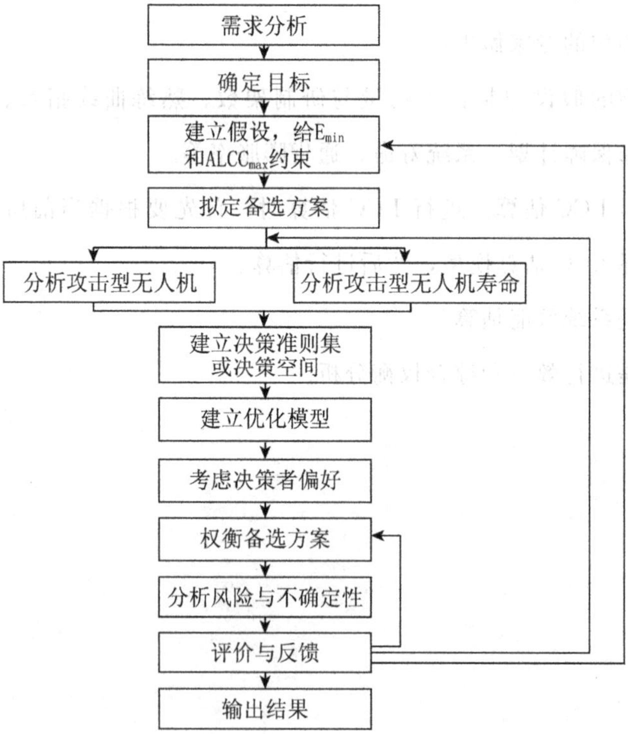

图 4-1　攻击型无人机系统级效费权衡分析基本程序

第二节 攻击型无人机寿命周期费用的可比性

一、影响攻击型无人机寿命周期费用可比性的因素

为了进行攻击型无人机效费权衡分析，往往要对不同方案或不同机型的寿命周期费用进行对比，即要求攻击型无人机寿命周期费用具有可比性。而攻击型无人机寿命周期费用在某些因素的影响下，往往不具备这种可比性。这些因素主要包括以下几种。

一是基准财政年度。货币是有时间价值的。如前所述，在计算攻击型无人机寿命周期费用时都必须选择一个基准财政年度，即以此为不变币值的财政年度。相应于不同的基准财政年度，攻击型无人机寿命周期费用的绝对值是不一样的，因而不同财政年度的攻击型无人机寿命周期费用是不具有可比性的。为了使攻击型无人机寿命周期费用具有可比性，对不同方案或不同机型的寿命周期费用计算必须选择同一基准财政年度，即基准财政年度必须相同。

二是机群规模。机群规模包括研制规模、生产规模和装备规模。

研制规模，即研制机数量。研制机数量对研制费的量值肯定是有影响的。美国的研制规模多则 20 架，少则 2 架。我国早期研制规模一般为 1～2 架，20 世纪 80 年代以来多为 5～6 架。由于研制规模的差别较大，其对研制费的影响当然也较大。同时研制规模对研制进度也有影响，比如同时投入定型试飞的架数多，在试飞科目相同时，可以缩短试飞周期，从而缩短了研制周期。理论上讲，肯定存在一个最优研制规模的问题，而如果不计最优研制规模，则一定存在一个适度

研制规模的问题。为了使攻击型无人机寿命周期费用具有可比性，必须对研制规模有一个约定。

生产规模，即生产攻击型无人机的数量。生产数量的大小，从熟练曲线效应看，多了可以降低攻击型无人机的成本，但攻击型无人机生产多了，消耗的材料、人力肯定增加，使生产费用增加，从而使攻击型无人机寿命周期费用增加。因此，为了使攻击型无人机寿命周期费用具有可比性，对于攻击型无人机的生产规模也必须有个约定。在当前情况下，军机订购价格基本上与订购数量并不相关，这是不适当的，反映不出规模效益，亟待改变。

装备规模，即攻击型无人机装备部队的数量。当然，装备规模是由空军乃至国家的军事战略决定的。但是在和平时期，从优化的观点看，肯定存在一个最优装备规模，而如果不计最优装备规模，一般地会存在一个适度的规模。装备规模的大小，一方面影响采购费用；另一方面，影响使用、维修和保障费用，从而影响寿命周期费用。为了使攻击型无人机的寿命周期费用具有可比性，对于攻击型无人机的装备规模也必须有个约定。

三是机群服役期限。攻击型无人机寿命周期费用定义中所讲的整个寿命周期中包含了机群的服役期限。机群的服役期限的规定涉及很多问题，较重要的是军事需求、经济性因素、改进潜力和任务执行能力等，致使各个机型的服役期限有很大差别，少则几年，多则几十年。服役期限的长短直接影响攻击型无人机的使用、维修和保障费用，从而影响寿命周期费用。同理应对攻击型无人机的服役期限有一个约定。

四是攻击型无人机的使用寿命。在机群服役期限内，攻击型无人机使用寿命的长短直接影响攻击型无人机及其机载成品。尤其是发动机的补充和更换，还会影响攻击型无人机的总的数量，从而影响攻击型无人机的寿命周期费用。故同理，也应对攻击型无人机的使用寿命在设计寿命基础上做一个必要的约定。

二、单机寿命周期费用和飞行小时寿命周期费用

为使攻击型无人机寿命周期费用具有可比性，我们引入单机寿命周期费用和飞行小时寿命周期费用的概念。

一是单机寿命周期费用。单机寿命周期费用指每架攻击型无人机分摊的寿命周期费用，用公式表示为：

$$LCC_{单机}=ALCC/\left[n\ (1-\gamma_{飞})\right]$$

式中：$LCC_{单机}$为每架攻击型无人机分摊的寿命周期费用；$ALCC$为机群寿命周期费用；n为部队装备该机型的总架数；$\gamma_{飞}$为攻击型无人机数量的损失率。某型攻击型无人机数量的损失率，可根据类似机型灾难性事故的历史统计资料用类比法确定。

二是飞行小时寿命周期费用。飞行小时寿命周期费用指攻击型无人机每飞行小时所分摊的寿命周期费用。用公式表示为：

$$LCC_{飞行小时}=ALCC/\left[n\ (1-\gamma_{飞})\ T_{有效}\right]$$

式中：$LCC_{飞行小时}$为每飞行小时分摊的寿命周期费用；$T_{有效}$为攻击型无人机有效飞行小时数，其值为：

$$T_{有效}=T\ (1-\beta_{飞})$$

式中：T为攻击型无人机使用寿命，单位为飞行小时；$\beta_{飞}$为攻击型无人机寿命损失率。

某型攻击型无人机的寿命损失率可根据类似机型的历史资料统计确定。

由上述可知，每飞行小时寿命周期费用计算式为：

$$LCC_{飞行小时}=\frac{ALCC}{nT\ (1-\gamma_{飞})\ (1-\beta_{飞})}$$

第三节　攻击型无人机效费比

由前面关于攻击型无人机效能和寿命周期费用的分析中可见，如果单从寿命周期费用角度看问题，则攻击型无人机寿命周期费用越少越好，因而会得出攻击型无人机越简单越好的结论；而如果单从效能的角度看问题，则攻击型无人机效能越高越好，因而会得出攻击型无人机越先进越复杂越好的结论。实际上，二者都具有片面性。因为攻击型无人机越简单，效能越低，越不能完成规定的任务要求，攻击型无人机寿命周期费用再低，已经没有实际意义；而效能越高，有可能引起寿命周期费用的急剧增加，以致超过了国防经费所能负担的能力，“买不起，又养不起”，或者“买得起，养不起”，这样的攻击型无人机也没有实际意义。因此，必须从攻击型无人机寿命周期费用和攻击型无人机效能两个方面来考虑问题。为便于分析，引入“攻击型无人机效费比”的概念。

一、攻击型无人机效费比的含义

攻击型无人机效费比的定义式为：

$$M=E/ALCC$$

式中：M 为攻击型无人机效费比；E 为攻击型无人机效能；$ALCC$为攻击型无人机寿命周期费用。

攻击型无人机效费比的含义是单位攻击型无人机寿命周期费用所获取的攻击型无人机效能。它直接反映了国防资源的利用率。效费比越高，国防资源利用率就越高，方案也就越好。攻击型无人机效费权衡分析的目标就是要追求高的效费比，而不应该是片面追求高的效能，或者片面追求低的寿命周期费用。

二、攻击型无人机效费比的综合性特征

效费比作为评价攻击型无人机（方案）优劣的指标，具有很高的综合性，主要表现在以下方面。

第一，攻击型无人机效能 E 是评价攻击型无人机战斗力的指标，它不仅包含了攻击型无人机的所有性能指标，还包含了可靠性、维修性、保障性、生存性等特性，是全面表征攻击型无人机硬件和软件特性的综合性参数。

第二，攻击型无人机寿命周期费用既具有全寿命全系统的特征，也是一个与攻击型无人机的硬件和软件特性相联系的综合性参数。

第三，效费比又将上述两个高度综合的参数效能和寿命周期费用综合起来考虑，可以说是一种高次的综合。这种高次的综合把很丰富很复杂的内容“隐”去了。因此，我们不能仅仅从表面上去看效费比的枯燥的数值，而要把它与更深层次的攻击型无人机的各种特性联系起来。

第四节　权衡分析的比例模型

一、攻击型无人机效费指数

在攻击型无人机效费比公式中，攻击型无人机效能 E 和攻击型无人机寿命周期费用 $ALCC$ 的单位不同，效费比的量值还会随 E 和

$ALCC$的单位的变化而变化，且不直观。为此应将其规格化，使其变为无量纲值。于是引入“攻击型无人机效费指数”的概念，即：

$$M(M)=\frac{M(E)}{M(ALCC)}$$

式中：$M(M)$ 为攻击型无人机的效费指数；$M(E)$ 为规格化的攻击型无人机效能；$M(ALCC)$ 为规格化的攻击型无人机寿命周期费用。

$$M(E)=\frac{E}{E_{基准}}$$

式中：$E_{基准}$为选定的基准攻击型无人机的效能。

$$M(ALCC)=\frac{ALCC}{ALCC_{基准}}$$

式中：$ALCC_{基准}$为选定的基准攻击型无人机的寿命周期费用。

在选择基准攻击型无人机时，应选择服役的国产最先进的新型攻击型无人机，一般，不宜以国外攻击型无人机为基准，同时应注意，基准效能和基准寿命周期费用应对应同一机型。

二、比例模型

比例模型的初始形式为：

$$M(M_i)=\frac{M(E_i)}{M(ALCC_i)}\geq 1.0$$

式中：$M(M_i)$ 为第 i 个方案或第 i 个机型的效费指数，$M(E_i)$ 为第 i 个方案或第 i 个机型的规格化的效能；$M(ALCC_i)$ 为第 i 个方案或第 i 个机型的规格化的寿命周期费用。

由上式可知，若效费指数 $M(Mi)>1.0$，则必有 $M(Ei)>M(ALCCi)$，即产出大于投入，这是一个合算的方案，是可以接受的。这就是比例模型的物理意义。

第五章　相关结论

第一节　效能分析

一、算例结果分析

（一）指标权重分析

根据三位定权者给出的各项指标的影响大小，得出了各指标的权重，见表 5-1。

表 5-1　三位定权者给出的权重排名

权重值 \ 指标		*L*	*G*	*T*	*Sc*	*Sj*	*K*
权重	甲	0.206 2	0.126 9	0.167 6	0.103 4	0.225 7	0.170 3
	乙	0.196 0	0.131 7	0.169 9	0.105 2	0.226 7	0.170 6
	丙	0.193 0	0.131 3	0.172 4	0.106 4	0.226 6	0.170 3
平均		0.198 4	0.130 0	0.170 0	0.105 0	0.226 4	0.170 4
权重排序		2	5	4	6	1	3

更直观的表示如图 5-1 所示。

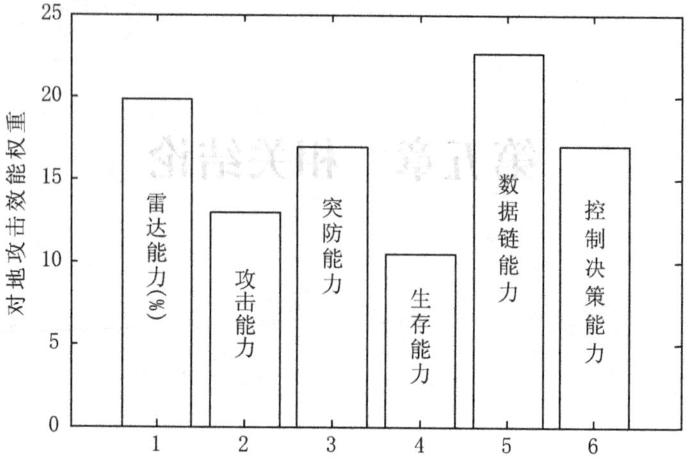

图 5-1　各指标权重

从计算所得的数据可得，数据链能力和雷达能力所占的比重较大，达到了 22.64%和 19.84%。这是因为在信息化作战的背景条件下，数据链能力是获得卫星、预警机和编队飞机发来的战场情报的重要工具，也是联系攻击型无人机和地面指挥控制人员的通道。雷达的探测是获得战场情报的主要手段。战场情报的获得对无人机的数据链能力、突防能力、控制决策能力和攻击能力产生深刻的影响，战场信息的获得是更好发挥无人机其他情报的基础。

（二）三种静态评估模型对比分析

在对无人机对地攻击效能评估过程中，采用综合指数模型法、专家评估法和 BP 神经网络预测法三种静态评估方法。为了数据间的直接对比，这里以 X-47B-1 攻击型无人机综合指数法和专家评估法得到的结果相同为换算标准，对其他机型的评估数据进行换算。三种方法对无人机的评定结果见表 5-2，更直观的表示如图 5-2 所示。

表 5-2 三种方法评定结果比较

指标 型号	综合指数评估	专家评估		BP 神经网络评估		无人机编号
		原始结果	处理结果	原始结果	处理结果	
捕食者	0.177 0	2	0.208 4	2.036 2	0.212 2	1
翼龙	0.135 0	1.8	0.187 6	1.749 2	0.182 3	2
彩虹-3	0.003 5	1	0.104 2	0.975 3	0.101 6	3
鹞鹰 2	0.087 5	1.4	0.145 9	1.508 6	0.157 2	4
X-47B-1	0.989 3	9.5	0.99	9.469 1	0.986 8	5
X-47B-2	0.957 0	—	—	9.342 1	0.973 5	6
X-47B-3	0.972 4	—	—	9.386	0.978 1	7
利剑-1	0.932 0	9.2	0.958 7	9.253 5	0.964 3	8
利剑-2	0.904 5	—	—	9.037 7	0.941 8	9
利剑-3	0.916 4	—	—	9.076 2	0.945 8	10

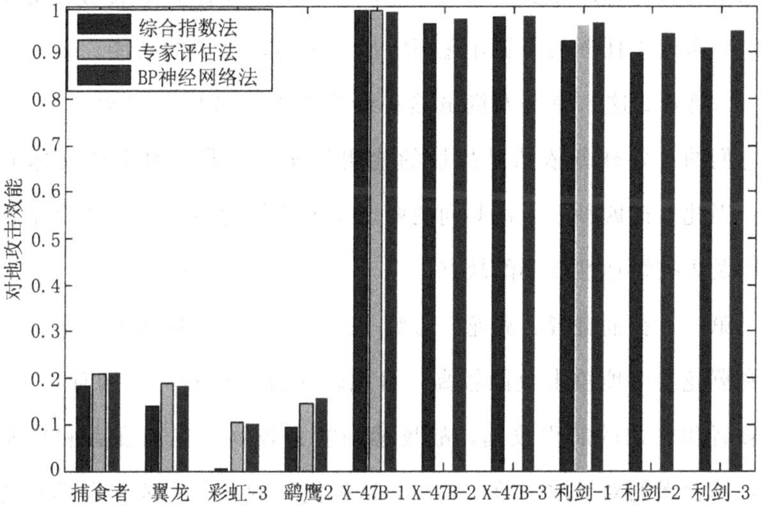

图 5-2 三种方法对无人机的评定结果

从表5-2的结果可以看出，应用综合指数模型、专家评估法和BP神经网络预测模型方法评价得出的数据具有较强的一致性。除彩虹-3无人机的评定结果相差较大外，对其他无人机的评定结果都相差很小。

彩虹-3无人机两种方法的评定结果之所以相差较大，主要因为彩虹-3无人机在这几种无人机中各项指标几乎都是最差的，在指标公度化的过程中，大量指标公度化之后变为了零，多个零指标的出现为BP神经网络预测带来很多不确定的因素，因此在对该种无人机进行评定时，两种方法的差别较大。但是相对而言，三种评定方法得出的结论又是一致的，那就是彩虹-3无人机的对地攻击能力在这些待评定的无人机之中是最弱的。

（三）样例无人机对地攻击效能分析

从综合指数模型、专家评估法和BP神经网络预测方法的评定结果可以得出如下结论。

第一，捕食者、翼龙、彩虹-3、鹞鹰2这4种无人机的对地攻击效能是比较低的。捕食者无人机在设计时的首要任务是战场监测和侦察，后来由于任务的需要才逐渐添加上了对地攻击的功能。翼龙、彩虹-3、鹞鹰2这3种无人机虽然在设计之处就考虑了对地攻击功能，但它们的首要任务依然是战场的检测和侦察，兼顾对重要目标的打击。因此，这四种无人机共同的弱点是突防能力不足、所载武器效能差以及火控雷达性能差的缺点。

第二，在捕食者、翼龙、彩虹-3、鹞鹰2这4种无人机中，捕食者和翼龙的对地攻击效能较高，且比较接近。相对另外两种无人机，捕食者和翼龙的航程较远，战场感知能力较强。在捕食者和翼龙之中，捕食者的对地攻击效能较高，这种优势的获得主要来自捕食者的航程几乎比翼龙多出了一倍，以及捕食者较高的智能化水平和完善且更加先进的数据链能力。

第三，在待评定的6种无人机中，X-47B和利剑两种无人机的对地攻击效能相差不大，且明显高于其他4种无人机。这种优势的获得很大一方面是因为这两种无人机就是专门针对对地攻击设计的，因此它们具有性能先进的雷达、完善的数据通信能力、高度的智能化决策能力、高隐身性能带来的强突防能力以及大载弹量和威力强大的对地攻击能力。X-47B和利剑两种无人机，X-47B的智能化水平较利剑而言具有优势，控制决策能力比利剑高，而其他能力方面则相差不大，因此X-47B的对地攻击能力较利剑略高。

第四，X-47B和利剑的3种挂弹方案：挂载4枚空地导弹、挂载2枚空地导弹加1枚对地攻击精确制导炸弹、挂载2枚对地攻击精确制导炸弹。4枚空地导弹的挂载方式对地攻击效能最高。

二、不同攻击方式对模型的影响

（一）建模总体分析

本书主要针对现代战场环境的具体情况，根据战场信息化的趋势以及电子对抗的重要性等现实特点，在建模时重点强调了攻击型无人机的电子对抗能力和战场情报的获取能力。这些能力在性能指标上体现为雷达能力和数据链能力的权重相对较大。面对现代战场环境以及未来的发展趋势，这两种性能指标的权重仍有加大的趋势。

由于攻击型无人机需要在不同的作战环境中使用，因此本书的算例计算不可能考虑到每一种的具体使用环境。按照本书时效性分类、攻击方式分类和任务性分类的攻击型无人机对地攻击样式的划分方法，本书算例主要针对非时间敏感目标的攻击、凌空轰炸（接近到攻击目标100 km以内）和战略轰炸的具体作战样式进行了计算分析。

但是，依据本书所介绍的性能指标量化方法，针对不同的作战使用环境，攻击型无人机的性能量化是相同的。针对不同的作战使用环境，模型的不同之处在于各性能指标的权重不同。因此，需要针对不同的使用方式，具有针对性地给出指标判断矩阵，根据文中给出的计算方法得到各性能指标的权重。

在以下的分析中，将根据各性能指标权重的大小来评判各性能指标在各具体作战使用环境下的重要程度。

除了综合指数模型中攻击型无人机在具体作战环境中各性能指标的权重大小不同外，其他两种评估方法：专家评估法和BP神经网络法对不同的作战环境进行评估的步骤和书中介绍的方法一样，可以根据战场环境的设定组织相应的专家进行打分，对攻击型无人机的对地攻击效能进行评估。

（二）凌空轰炸方式对模型的影响

凌空轰炸模式下的攻击型无人机对地攻击作战是无人机对地攻击作战的最常用的攻击方式。需要攻击型无人机突破到距离攻击目标100 km的范围内，对无人机的攻击能力、雷达能力、控制决策能力和突防能力要求均衡，是目前装备条件下可行的一种作战样式，也是本书建模和算例计算所采用的方式。

在这种作战模式下，表5-3权重判断矩阵是相对合理的。

表5-3 权重判断矩阵

项 目	*L*	*G*	*T*	*Sc*	*Sj*	*K*
L	1	4	4	3	1/3	1/3
G	1/4	1	3	3	1/3	1/3
T	1/4	1/3	1	1/3	3	3
Sc	1/3	1/3	3	1	1/2	1/2
Sj	3	3	1/3	2	1	3
K	3	3	1/3	2	1/3	1

依据该判断矩阵，此种攻击模式下无人机各项指标的权重见表 5-4。

表 5-4 无人机各项指标的权重

指标 权重值	*L*	*G*	*T*	*Sc*	*Sj*	*K*
权重	0.206 2	0.126 9	0.167 6	0.103 4	0.225 7	0.170 3
权重排序	2	5	4	6	1	3

从以上的权重计算结果可以看出，凌空轰炸模式下的无人机对地攻击对无人机本体性能和武器的性能要求比较适中，没有太苛刻的条件要求，但是要求整体性能的平衡。

（三）防区外打击模式对模型的影响

防区外打击作战模式允许攻击型无人机不进入攻击目标 200 km 的防空火力区域，以发射空地巡航导弹的作战方式对目标发起打击。

由于攻击型无人机距离攻击目标相对较远，敌方的防空武器对无人机的威胁较小，所以在无人机对地攻击的各项指标中，对无人机的突防能力要求有所减弱，同时对无人机所挂载的武器性能提出了比较高的要求。相对应的，由于中远程巡航导弹的体积和质量都比较大，因此对无人机的挂载要求也有所提高。

因此，在这种作战模式下，表 5-5 权重判断矩阵是相对合理的。

表 5-5 权重判断矩阵

项目	*L*	*G*	*T*	*Sc*	*Sj*	*K*
L	1	4	4	3	1/3	1/3
G	1/4	1	4	4	1/2	1/2
T	1/4	1/4	1	1/3	3	3

续 表

项 目	L	G	T	Sc	Sj	K
Sc	1/3	1/4	3	1	1/2	1/2
Sj	3	2	1/3	2	1	3
K	3	2	1/3	2	1/3	1

依据该判断矩阵，此种攻击模式下无人机各项指标的权重见表5-6。

表5-6 无人机各项指标的权重

指标 / 权重值	L	G	T	Sc	Sj	K
权重	0.200 5	0.164 2	0.161 6	0.099 8	0.213 2	0.160 8
权重排序	2	3	4	6	1	5

从以上的权重计算结果可以看出，防区外打击模式相对于凌空轰炸模式下的无人机对地攻击对无人机突防能力和控制指挥决策能力要求有所降低，但是对无人机的攻击能力要求有所提高。

（四）安全区域打击模式对模型的影响

安全区域外打击是指攻击型无人机挂载远程空地巡航导弹，在战场区域外发动对目标打击的攻击模式。这种攻击方式一般要求远离攻击目标500 km以上，无人机处于安全的区域内。

虽然这种攻击方式使得无人机处于安全的区域内，对无人机的航程和突防能力要求都不高，由于没有突破敌方防空火力的需要，对战场信息的依赖程度依赖也相应减少，因此对雷达能力的要求也有所减少。但是它对无人机的挂载能力和空地巡航导弹的射程提出很高的要求。

因此，在这种作战模式下，表5-7权重判断矩阵是相对合理的。

表 5-7 权重判断矩阵

项 目	L	G	T	Sc	Sj	K
L	1	3	4	3	1/3	1/3
G	1/3	1	4	4	1	2
T	1/4	1/4	1	1/3	3	3
Sc	1/3	1/4	3	1	1/2	1/2
Sj	3	1	1/3	2	1	3
K	3	1/2	1/3	2	1/3	1

依据该判断矩阵，此种攻击模式下无人机各项指标的权重见表5-8。

表 5-8 权重判断矩阵

指标 权重值	L	G	T	Sc	Sj	K
权重	0.201 2	0.208 7	0.154 8	0.100 5	0.197 5	0.137 3
权重排序	2	1	4	6	3	5

从以上的权重计算结果可以看出，安全区域打击模式相对于其他两种模式下的无人机对地攻击对无人机突防能力、雷达能力、控制指挥决策能力要求有所降低，但是把无人机的攻击能力提高到了最重要的位置。

但是，按照当前的武器性能和科技水平，射程达到 500 km 的空地巡航导弹还很少应用到空军部队，即便随着科技的进步，这种巡航导弹部署于空军，巨大的弹体挂载在无人机上也是一项很大的挑战。对于机腹挂弹的隐身性无人机来说，几乎不可能实现。即使牺牲掉无人机的隐身性能，采用外挂的方式，导弹巨大的质量对无人机最大起飞质量也是一种考验。因此，这种攻击方式在现实条件下，还不太可能应用于无人机上。

不过这种打击方式的价值已得到人们的普遍认同，并且在有人机轰炸机上得以实现。美国大规模升级改装 B-52 轰炸机就是很明显的证明。

波音 B-52 亚音速远程战略轰炸机（英语：Boeing B-52 long－range subsonic jet－powered strategic bomber，绰号：Stratofortress，“同温层堡垒”）是美国波音飞机公司研制的八发动机远程战略轰炸机，用于替换 B-36 轰炸机执行战略轰炸任务。1948 年提出设计方案，1952 年第一架原型机首飞，1955 年批生产型开始交付使用，先后发展了 B-52A，B-52B，B-52C，B-52D，B-52E，B-52F，B-52G，B-52H 等 8 种型别，1962 年停止生产，总共生产了 744 架飞机。B-52 现役 76 架，仍然是美国空军战略轰炸主力，美国空军现在预算让 B-52 一直服役至 2050 年。这使得 B-52 服役时间高达 90 年。美军愿意让 B-52 继续服役的其中一个原因是 B-52 是美国战略轰炸机当中可以发射巡航导弹的唯一机种。

1978 年 95 架 B-52H 又和 98 架 B-52G 一起进行了相同的改进。改进后的 B-52H 没有翼根整流罩。1982 年这 95 架 B-52H 在弹舱内改装了携带通用战略武器的旋转式发射架，每个发射架能携带 8 枚 AGM-86B 导弹，此外还能携带 SRAM 导弹、先进巡航导弹及核炸弹。1989 年首架改装完毕的 B-52H 服役。1993 年 6 月，47 架 B-52H 开始新的改进，包括改进以 MIL-STD-1760 数据总线为核心的先进武器控制系统，加装 GPS 全球定位系统。改进后的 H 型可携 16 枚“鱼叉”反舰导弹或 6 枚 AGM-142A 空地导弹，或 12 个联合直接攻击武器（JDAM），使其常规作战能力大大提高。美国空军保留 95 架 B-

52H，计划服役到2000年后。

2013年，美国空军现在预算让B-52一直服役至2050年。这使得其服役时间高达90年。从现代战争的需求来看，B-52的各项性能都已经很落后，各项战术指标也都不能满足现代战场环境的需求。但是，美军之所以在军费削减的背景下，花费大量的时间和金钱对B-52进行改造升级，使其继续服役的重要原因是B-52是目前美国战略轰炸机当中可以发射巡航导弹且最物美价廉的机种。改进后的H型可携16枚“鱼叉”反舰导弹或6枚AGM-142A空地导弹，或12个联合直接攻击武器（JDAM），使其常规作战能力大大提高。可以说是“鱼叉”反舰导弹和AGM-142A空地导弹射程的提高使得B-52的战场使用寿命延长了40年。

第二节 费用分析

一、攻击型无人机的使用优势分析

攻击型无人空中作战系统与许多其他现代战斗机或攻击性飞机相似，虽然不需飞行员，但对其每千克的制造成本影响并不大——习惯上我们以每千克造价来衡量飞机成本。根据这一标准，如果无人空战作战系统的质量与F/A-18接近，其造价也该大致相当。不过，随着机载电子设备日益复杂，成本常常也由机体质量与电子设备的复杂度共同决定。由于初始造价并无太大区别，需要着重考虑的还有飞机编队的全寿命周期成本。而该成本则取决于单架飞机的寿命周期成本和所需飞机数量。无人空中作战系统编队在这两个方面都完全不同于传统飞机编队。

在传统飞机编队中，为确保执行作战或战斗任务，每个飞行员都需经常训练以确保熟练度，特别是那些需要在航空母舰上服役的飞行员，其训练要求更高。因此，对常规载人战斗机中队而言，其出动架次往往取决于部署时间，而非战斗或其他任务的需求。并且，飞机执行战斗飞行的时间往往只占其服役后飞行时间的极少部分。攻击型无人机则不同，只需在执行任务或作战时起飞即可。事先的设备测试即可确定无人机在需要的时候能够出动，这实际上也是导弹（本质上也是一种无人机，所不同的是不能重复使用）的工作方式。

对维修和备件的需求通常用每飞行小时维修工时（MMH/FH）表示。飞机越复杂，两者的比值越大，即每飞行小时维修工时越长，每飞行小时的维修成本越高。通过改进电子系统可以大大减少电子设备维修工时，但对机械和发动机系统却难以进行同样的改进。不过，若能采用更为主动的飞行监控系统，将有助于减少维修工时和备件消耗。这种待开发的飞行监控系统对无人和载人飞机应当同样适用。因此，削减维修成本的方法只能是减少飞行架次，将飞行架次减少90%，维修成本也将减少约90%，并且燃油消耗也将减少同样比例。

攻击型无人作战系统在维修上更为便宜。根据前面提到的作战模式，攻击型无人机群在空中和陆地的应用较在航空母舰上更为广泛。从总体上看，在起飞和着陆（爬升和降落）时飞机会承受更大的负载，因此从某种意义上采用每飞行架次维修工时较每飞行小时维修工时更为科学。由于攻击型无人机可通过空中加油的方式实现较长的空中停留，故对航空母舰的机务维修人员而言，每飞行小时的维修负担会大大减轻。相反，载人飞机的起降更为频繁。

从飞机编队的角度来看，单架飞机的维修成本差异经过累计将会变得可观。许多飞机并非因为过时而封存，而是因为机身疲劳老化导致其强度难以承受每次起降时产生的压力。如果海军载人飞机的疲劳老化主要来自起飞和降落，则攻击型无人机相对而言拥有两个优势：其一，无人机飞行频率较低，因此在给定的年限内飞行小时数更少；其二，在已发生的飞行小时中，由于起降不那么频繁，因此其疲劳老化程度更低，根据无人机的一般留空时长，这一因子大概为5～10。对具有隐身性能的无人机而言，由于无须像普通飞机那样为躲避敌方的防空体系而机动，其机身所受压力和老化程度会更低。并且，由于采用外部瞄准系统，大多数作战飞机无须像以前那样需低飞攻击地面目标。

在成本计算中，执行飞行任务产生的磨损也常常考虑在内。由于飞行频次较低，攻击型无人机的磨损将小于载人飞机，因此可以使用更长时间。这样一来，那些原本用于更换磨损件的资金便可用于提升无人机的飞行和武器系统。持续的系统升级可以最大限度地利用电子设备的飞速改进。

对于无人机比普通的有人驾驶飞机更为脆弱的说法并无根据，事实上无人机并不会更易遭受敌人攻击。

二、攻击型无人机的上舰优势分析

从海军的观点来看，如果在不削减作战效能的同时采用维护更少的攻击型无人机，具有深远的意义。航空母舰有大致固定的出航时间，并配备了大量的维护人员用于有人驾驶飞机的维修。如果采用攻击型无人机，相应的维护会大量减少，这样将会使所需维修备件和维修人员大量减少——特别是后者相对而言所需成本更高。而且，航空母舰在一次出航中往往还需在前方基地进行物资补充。采用攻击型无人机会使上述需求变得不必要或减少。

航空母舰一般携带足够一周空中行动的燃油。因此需要经常从随行的补给舰补充，这一过程增加了航空母舰的脆弱性。此外，补给舰本身也需要进行燃油补给，同时需要保护。近年来补给舰已被划入军事海运司令部并被解除武装，因为美国人相信其对海洋的控制力可以确保舰船在远洋的安全。但这一假设在势均力敌的敌人面前并非现实。为确保航母舰队的独立生存能力，美国海军将不得不重新武装起附属舰船，甚至在驶往油料补给点时派遣主力舰伴随保护。与此同时，航空母舰将继续远离敌方海岸进行油料和武器补充。对航母编队而言，任何缩短补给间隔的做法都会减少其作战效能。相反，任何能延长补给间隔的事物都将提高航母编队的作战效能。

采用舰载攻击型无人机可以大大减少训练时间，这一特点在前线海域意义尤其重大。航空母舰在前往目标海域时无须提供额外油料供飞机训练。节省下来的油料只需提供给无人机在战斗或执行任务时飞行即可。尽管航母编队依然需要不时补充武器弹药和燃油补给，但所需补给会明显减少。而且这样一来航母编队的行动路线和意图将更难被敌人发现——据称对那些缺乏足够大洋监测资源的国家而言，往往通过跟踪附属舰船来确定航母编队的动向（一是因为附属舰船速度多比拥有核动力的航空母舰慢；二是因为附属的补给舰船需要在沿岸岛屿基地补给点往返易于暴露行踪）。

例如，如果航母使用舰载攻击型无人机，则其作战飞行时长可能只有普通飞机总飞行时长的10%。这样一来，原来航空母舰执行任务时够普通飞机使用一周的燃油，便可使用更长的时间。在大洋深处，面对诸如潜艇之类的敌方威胁时，大量减少舰载机消耗燃油对提高航母编队的生存能力意义重大。例如，对航空母舰的一大威胁之一的水下柴电动力潜艇，对在水面高速航行的航空母舰可能无法实施有效打击，但对处于停止状态进行补给的航空母舰有足够的时机进行攻击，尤其是该潜艇拥有外部无线电导航系统帮助的情况下。数年前中国柴电动力潜艇对“小鹰”号航空母舰的拦截事件，则清楚地表明了这方面的实战意义。

值得一提的还包括另外一个因素，即飞行员。训练飞行员的代价十分高昂，且飞行员的后期保持也需要大量资金。这包括训练所需的大量飞机，且这些飞机同样需要消耗燃油、备件以及维修工时。因此，在计算作战飞机成本时，训练方面的成本也占有相当比重。

由于没有飞行员，攻击型无人空中作战系统也就无须考虑飞行员的训练成本（可能需要少量的无人机供维修人员进行维修训练）。当然，也许需要考虑对剩下的少数飞行员进行有关培训，使其适应与无人空中作战系统并肩作战。无论哪种情况，作战训练方面的开销都将较目前大为减少。

前述因为采用无人空中作战系统而节约的成本十分重要，因为迄今航空母舰可以说是有史以来造价和维护成本最高的战舰，同时它们也是美国海军武器库中最有价值的资产。航空母舰能携带大量主战武器在海上平台，能对敌人施加持续不断的压力。考虑到航空母舰对美国海军的重要性，这种局面会在短期内改变，比如短期内还找不到在海上补充巡航导弹的简单方法（电磁轨道炮可使用易于补充的弹药，但其实战化还有待时日）。任何有助于提升航空母舰持续行动能力的方法，都将帮助美国海军更好地执行将美国兵力迅速投送到所需地区的任务。

三、技术角度的优势分析

最后，从技术变化的角度对飞机的寿命周期成本进行讨论。50多年来喷气战斗机的发展经验表明，航空动力学和飞机发动机技术进步相对缓慢。飞机过时而被淘汰的原因是它们无法容纳新型雷达、计算机和数据总线等电子设备，因此无法在新形势下的战术环境下生存和投放新型精确武器。美国海军对所属潜艇和水面舰艇进行了诸如“声学快速检测设备植入计划（Acoustic Rapid Cots Insertion，ARCI）”的升级计划，这种升级模式同样适用于飞机。因此，可以想象，通过这类升级可以使飞机机体的使用寿命大为延长，极大地减少每架飞机的拥有成本，从而有助于保持较大规模的飞机数量。

不过，拥有更多飞机需要特别注意下列问题。首先，降低飞机的磨损率非常重要，磨损率可能与每年飞行小时数有关（同样情况下，攻击型无人机的磨损率可能更低一些）。其次，延长机身的使用寿命同样重要。由于最新的复合材料机身几乎不可能进行重造和翻新，这些材料的飞行小时数基本固定。所以，一定要避免为保持飞机规模而采取缩减飞行时长以延长单机使用寿命的情况，除非能够保证大幅削减每年飞行时长不会损失任何作战能力。经验表明，飞行员的模拟器训练时长不能取代真实飞行时长。因此，前述问题的最终解决方案似乎只能是采用无人机。

通过前面的讨论，可以看到采用基于攻击型无人空中作战系统的战斗机作为现有作战飞机的补充，可以减少空军的运行成本。如果要达到与当前喷气战斗机相当的性能，则攻击型无人空中作战系统的机身成本会与当前飞机成本大致相同（虽然无须维生系统会压缩部分成本，但软件上的投资增加又会将其抵销）。

对当前的有人驾驶作战飞机体系而言，为训练飞行员，大约需抽调 20%的飞机用作训练。而且，完成飞行训练并具有作战能力的飞行员为保持飞行技能，还必须每日例行训练飞行。大致上，完成训练的飞行员服役后的总飞行时间中，只有 10%左右是战斗飞行时间。我们知道飞行成本占飞机购买和使用成本的 60%。其中，飞行成本包含飞机的磨损、备件和维修成本。这些数据只是粗略估计，但可使我们大致清楚使用飞机的总成本。

在攻击型无人机部队中，由于根本不需要飞行员，因此若要与普通飞行部队拥有同样数量的作战飞机，只需购买普通飞机数量的80%即可。实际上购买无人机的数量还可更低，因为在普通飞行部队中，能够作战的飞机在任一时刻只有部分参与部署，未部署的飞机及飞行员则进行常规训练以保持技能，以便同部署飞机进行轮换。如果无须进行技能维持训练，则可像导弹那样，封存于部署航空母舰的机库中。例如，为确保当前美国现役航空母舰正常运行，最少需要10个舰载机联队，方可确保高峰时部署6个联队的需求。这一情况意味着，实际部署所需的只是6个联队，因此若采用攻击型无人机，可以在当前作战飞机数量的基础上削减40%。根据前文可知，当前部署作战的飞机数量实际上只是采购飞机总量的80%。换句话说，为了保持10个联队的作战飞机，我们需要采购12.5个联队的飞机。而采用攻击型无人机，只需购买6个联队的飞机即可，保持同样作战能力情况下所需飞机的数量少了一半多。

四、对美国舰载航空部队的效费计算

以美国舰载航空部队为例，在当前的舰载机计划中，每艘航空母舰配4个战斗机中队共48架飞机。其中，两个中队为F-35联合攻击战斗机，两个中队为未来战斗机（可能为无人空中作战系统）。如果按照这个计划，只需采购6艘航空母舰（按美国海军两洋舰队中日常部署6艘航空母舰计算）的飞机意味着少采购156架飞机，至于备件数量的减少暂且不提。而总体效果则是只需采购144架攻击型无人机（6艘航空母舰需12个攻击型无人机中队）便可替代先前需采购的361架普通飞机。按照每架飞机1亿美元计算，可节省217亿美元，此处尚未计算燃油和维修开支，且由于这些开支占了飞机购买使用总成本的60%，实际上节省的成本要大得多。如将燃油和维修成本计算在内，则每架普通飞机在其寿命周期的总成本为 2.5 亿美元，少购买 217 架飞机将省下 540 亿美元。另外，在使用过程中，每架攻击型无人机的飞行成本将更低，只有普通飞机 10%的飞行时间可将其寿命成本从 2.5 亿美元降低到 1.15 亿美元，每架飞机又节省了 1.35 亿美元，共节省成本 190 亿美元。简而言之，由于采购 144 架攻击型无人机取代原有的 361 架普通飞机，可以将原需开支的约 900 亿美元成本降低到 170 亿美元，如果用更多的无人机替换普通飞机，则节省的成本将会更惊人。并且，由于考虑损耗等因素，前面提到的数字都略有盈余，但大致可以看出采用无人机在经济上的巨大效益。舰载机成本的降低将直接降低购买和运用航空母舰的成本。

另外，通常认为舰载机联队的购买成本和航空母舰的购买成本相当，考虑到一艘航空母舰在其服役的 50 年间需购买两个舰载机联队，则采用无人机后航空母舰的运用成本将远小于购买成本，即舰载机联队及其运用成本将减半。这样一来，在同样预算下，可购买和投入使用更多的航空母舰。

假设航空母舰的购买价格为 C，航空母舰寿命周期的运行成本为购买成本的 80%。如果每个舰载机联队的购买价格也为 C（前面提到舰载机和航空母舰的购买成本大致相当），舰载机寿命周期内的运行成本为 $1.5C$，则一艘航空母舰及其舰载机在全寿命周期内的投入为 $6.8C$（以两个舰载机联队计算），可以看到一艘航空母舰如此高的成本主要归咎于舰载机系统的成本（包括训练等）。采用攻击型无人机后，如果每个舰载机联队的总成本为 $1.15C$，那么一艘航空母舰全寿命周期的总成本为 $4.1C$，只有当前成本的 60%左右，即采用攻击型无人机后，在不牺牲任何作战能力的情况下，3 艘航空母舰的总成本只相当于当前 2 艘航空母舰总成本。

当前，危机事件分布广泛且同时爆发的可能性增大。通过发展无人空中作战系统，在不牺牲能力的情况下增加航空母舰数量，无疑具有很大的吸引力。应对当前世界形势的另一个选择是削弱单艘航空母舰能力以增加数量（比如换用更小的航空母舰）。但其结果则是削弱后的航空母舰编队将无法运用高端舰载机（即舰载机的生存能力将减弱），且单架舰载机的成本也会更高，更无须说小型航空母舰根本无法装载足够战术使用的作战飞机这一问题了。这些限制也解释了为何其他国家海军虽然拥有小型航空母舰，却无法与美国航空母舰相提并论的现象。

第三节　设计和使用相关问题

一、设计问题

根据专家打分给出的权重判定矩阵，得到的各项性能指标的权重见表 5-9。

表 5-9　由不同专家打分得到的各项性能指标权重

权重值＼指标		*L*	*G*	*T*	*Sc*	*Sj*	*K*
权重	甲	0.206 2	0.126 9	0.167 6	0.103 4	0.225 7	0.170 3
	乙	0.196 0	0.131 7	0.169 9	0.105 2	0.226 7	0.170 6
	丙	0.193 0	0.131 3	0.172 4	0.106 4	0.226 6	0.170 3
平均		0.198 4	0.130 0	0.170 0	0.105 0	0.226 4	0.170 4
权重排序		2	5	4	6	1	3

根据计算结果，权重最小的指标是攻击型无人机的生存能力，比重为10.50%。加上指标体系中没有出现的可靠性和可信性指标，这三项指标的权重较小并不能直观认为它们不重要，只是在假设出洞执行攻击任务的无人机都是完好、摧毁目标作为唯一作战目标的条件下，这三项指标的权重才显得比较小。

事实上，这三项指标的大小直接关系到无人机的使用费用，因此，它们性能的好坏将在很大程度上影响攻击型无人机对地攻击效费比的大小。在武器研发和使用费用日益增大、性能提高程度明显落后于费用增加的现实情况下，攻击型无人机的效费比可能会成为是否进入部队服役的最终决定因素。

在信息决定胜负的战场形势下，战场情报的获得对每一种武器平台来说都显得空前的重要。毫不夸张地说，战场情报是决策和攻击的基础。对无人机而言，获取战场情报的途径有两种：自身携带雷达搜索到的情报和通过机载数据通信系统从军事卫星、预警机、有人机侦察机、无人机侦察机和其他执行对地攻击任务的编队飞机传来的战场情报。这两种获得战场情报的途径所对应的性能指标分别为雷达能力和数据链能力，它们在指标体系中的权重分别为19.84%和22.64%。

战场战术和对战场突发事件的应急处理也是决定一场攻击任务的关键。在攻击非时效性战略目标时，战场战术规划可以由地面指挥人员进行规划，这种能力主要体现在指挥人员的战术素养，将在下面论述。战场应急事件的处理要依靠地面控制人员和无人机的智能化水平共同完成。但是，地面控制人员毕竟远离战场环境，对战场信息了解得不够及时和全面，因此无人机的智能化水平在应对战场突发事件上起到了很大的作用。提高无人机的智能化水平，将会对无人机的战场生存率和打击成功率产生重大影响。

攻击能力是攻击型无人机对目标摧毁的直接表现形式。同时，机载武器的威力、射程等，会对战术规划产生巨大的影响。针对无人机而言，无人机的挂载量和可挂载的种类直接影响到无人机的攻击能力。可挂载武器种类的多少，决定无人机可执行的任务范围、战术选择的形式，以及攻击武器的优化选取等，因此有军事专家就指出武器平台可挂载武器种类的多少比武器平台的挂载量更加重要。

根据以上分析，对有关单位提出如下建议，仅供参考。

一是设计时要综合平衡攻击型无人机的各项性能。

二是提高无人机的有效性、可靠性和战场生存能力，降低无人机的日常维护和维修的费用，以提高无人机的效费比。

三是提高无人机的雷达能力和数据链能力，以更好地获得战场情报。

四是提高无人机的载弹量，尽量增加无人机的可挂载方式，使得无人机在载弹量一定的情况下，提高无人机可挂弹的种类。

五是提高无人机的智能化水平。

二、使用问题

发挥武器平台的作战效能，武器平台的日常维护和使用人员的素质也起到了十分重要的作用。因此使用单位要经常对无人机进行日常维护，保持无人机的完好状态。除此之外，还应加强无人机使用人员的素质，加强使用人员的知识水平和指挥人员的战术素养。这里注重论述攻击型无人机的使用方式。

众所周知，攻击编队的形式比单机执行对地攻击的效能要高，因此以组成攻击编队的形式对目标发动攻击的成功率将会提高。但是，在目前的科技水平条件下，实现无人机的全智能控制尚存在困难，为此，这里将介绍近期编队形式和未来编队形式。

无人机与有人机的协同作战是从目标探测开始，经过目标截获、跟踪、瞄准直至武器发射等一系列作战过程。根据协同方式和传递信息不同可以分为传递控制指令与传递目标信息两种协同作战方式。现阶段，前者的使用方式是主流使用方式。而后者将是未来无人机与有人机协同作战使用方式的方向。

具体的作战方式为：有人机给无人机传递的控制指令如图 5-3、图 5-4 所示，无人机在有人机的控制下打击目标的方式。

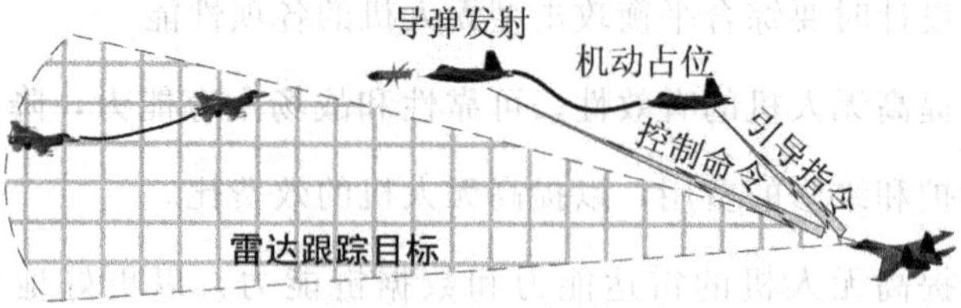

图 5-3　有人机为无人机传递控制指令

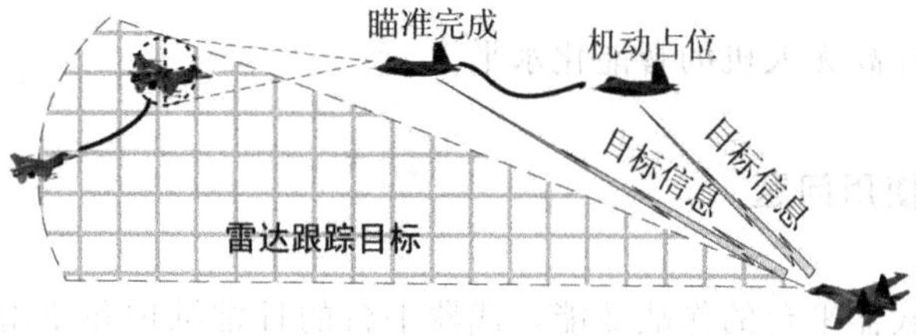

图 5-4　有人机为无人机传递目标信息

其中控制指令主要包括引导指令和控制命令，传递引导指令是指有人机跟踪、测量目标信息，并根据无人机和目标的空间位置及运动状态实时解算无人机对目标的火控解，得到无人机要完成攻击的引导指令并传递给无人机。无人机根据引导指令进行机动飞行，一旦无人机进入武器发射区域，有人机向无人机传递武器发射控制命令，无人机即发射武器并脱离，后续的武器制导由有人机完成，其协同流程如图 5-5 所示。

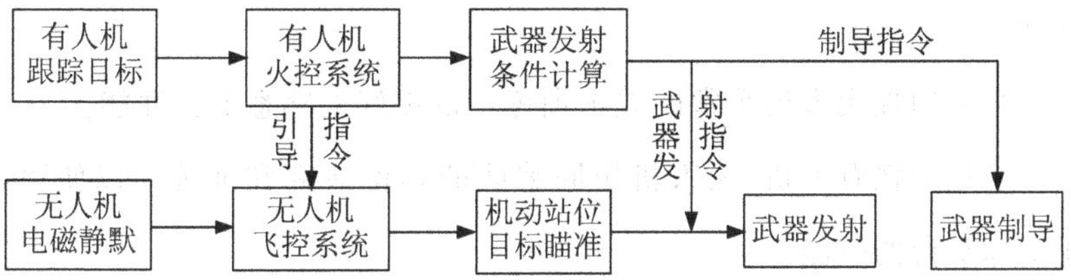

图 5-5 传递目标信息的协同作战流程

中长期编队形式与短期无人机有人机协同作战中更注重有人机的指挥控制能力，中长期将更看重无人机的自主智能能力。因此，中长期传递目标信息的协同作战方式将是由有人机给无人机传递目标信息，由无人机实施打击。

其中有人机给无人机传递目标信息指，有人机获取目标信息，然后通过数据链将目标信息传递给无人机，无人机将收到的目标信息经过坐标转换、滤波、误差处理后进行火控解算，得到控制指令，自主完成机动站位和武器发射，后续的武器制导可由有人机完成，也可由无人机完成，由无人机完成制导要求有人机持续地给无人机提供目标信息，无人机仅作为制导信息中转平台，其协同流程如图 5-6 所示。

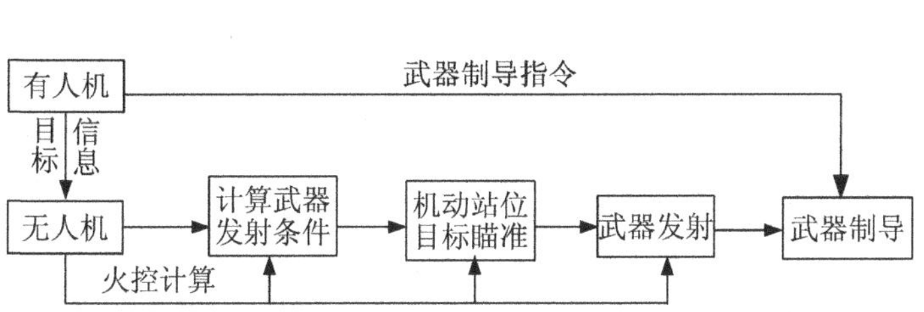

图 5-6 传递目标信息的协同作战流程

针对以上分析，对使用单位提出如下使用建议，仅供参考。

一是加强对无人机的日常维护，使无人机保持良好的性能状态。

二是加强操作人员的知识培训，以更好地操纵无人机。

三是加强军事指挥决策人员的战术理论学习，以更好地适应现代战争。

四是加强无人机平常的战术训练，以更好地熟悉平台性能。

五是加强有人机/无人机协同编队的理论研究和训练，以便更好地发挥平台的效能。